Francesco Cesoni - Giovanni Fasoli

LES LOUPS

TRADUCTION DE SANDRINE DÉTIENNE

Nathan

Sommaire

Les hommes et les loups

Il est clair que nous sommes devenus les êtres dominants de cette planète. Seules, encore, les forces naturelles parviennent à restreindre notre arrogance et notre manque de respect à l'égard de l'environnement qui, tous deux, nous distinguent des autres espèces animales. Pourtant, nous aussi faisons partie de l'écosystème Terre ; nous aussi sommes soumis à des règles générales dont la finesse et la complexité nous échappent. Nous pensons connaître la nature en la simplifiant et en la schématisant. Mais tout ce que nous lui faisons – des prédations aux marées noires en passant par de simples prélèvements d'œufs – se répercute en cascade sur l'ensemble de l'écosystème.

C'est dans ce contexte de domination méprisante de la nature que s'est élaborée l'image abstraite, imaginaire, d'un loup sanguinaire. Dans la réalité, le loup et l'homme s'opposent depuis des temps immémoriaux. Cet affrontement, mêlé d'amour et de haine, trouve vraisemblablement ses racines dans la compétition alimentaire. Les proies du loup étaient en effet celles que convoitait également le chasseur préhistorique. Puis – et c'est encore le cas aujourd'hui –, le loup a intégré à son menu le bétail des hommes. Voire parfois des enfants, lorsqu'ils se trouvaient seuls dans les bois ! Toutes ces raisons, sans doute, ont accentué l'aversion des hommes envers l'animal. Peu à peu, les fables effrayantes racontées pour faire tenir les enfants tranquilles ont été à l'origine des légendes les plus fantaisistes sur le « méchant loup », transmises de génération en génération.

Il est étonnant de constater combien les témoignages de ceux qui vivent dans des zones fréquentées par ce prédateur mythique sont contradictoires. Curieusement, il semblerait que les femmes qui l'ont rencontré aient

Les loups tués par des chasseurs, professionnels ou non, étaient un trophée convoité, porté et montré sur la place du village.
Ainsi exposé, tous, femmes, anciens et surtout enfants, pouvaient venir le regarder, le toucher ou l'insulter.

des réactions moins fantasmagoriques que les hommes. Ce qu'elles rapportent se rapproche davantage du véritable comportement du loup à l'égard des humains. Une femme des Apennins toscano-émiliens (Italie), qui se vantait d'avoir croisé un loup à deux reprises, racontait – presque à voix basse – qu'elle n'avait pas eu peur et que le loup s'était laissé regarder pendant quelques secondes avant de s'enfuir. Son mari en revanche ne voulait rien avoir à faire avec ces bêtes-là. Pour lui, les loups étaient simplement nuisibles et dangereux et il n'avait qu'une envie : les exterminer.

Là où le loup vit à proximité de l'homme, souvent à la montagne ou dans de très petits villages, il est inévitable que des frictions se créent. Cependant, certaines personnes parviennent à comprendre l'importance qu'a cette espèce sauvage et à cohabiter avec elle. À s'y intéresser même. Elles poursuivent leurs activités – le pâturage du bétail, par exemple – en utilisant des chiens de protection, protégés parfois par un collier anti-loup ; des lois leur garantissent souvent (c'est le cas en France et en Italie) le remboursement des dommages causés par le prédateur.

En fait, il existe deux loups : l'un est l'animal réel, le prédateur ; l'autre, et c'est l'image la plus connue, est un loup mythique, nimbé de légendes cruelles et sanguinaires. Cette représentation fantasmagorique s'est forgée au cours du Moyen Âge, associant peu à peu le loup à l'essence même du diable.

La photo du dernier loup abattu dans le Piémont remonte à 1921. Les chasseurs encaissèrent une importante récompense pour l'animal dont la tête était mise à prix. Le cadavre de la bête fut promené dans les rues de Mondovì sur une charrette, au son de la trompette qui battait le rappel pour attirer les curieux.

Cette idée que l'on s'est faite du loup, et que la tradition a véhiculée, l'a contraint à mener une vie extrêmement difficile, jalonnée de persécutions, de traques et de mises à mort. Aujourd'hui encore vivent des hommes qui dans le passé furent des chasseurs de loup professionnels. Qui étaient-ils ? Des tueurs rusés qui, armés de fusil, ont chassé cet animal avec méthode et sans pitié, en parvenant parfois à l'éradiquer de leur pays. Les récits des chasseurs de loup et leurs exploits ont longtemps nourri les veillées, avant de devenir des contes pour les jeunes. Dans bien des pays, quand un chasseur de loup rentrait au village avec son trophée, en plus de la récompense de l'État qui lui revenait officiellement, il était couvert de dons par la population. Certains chasseurs eurent même une renommée régionale, et acquirent une position sociale respectable, notamment en termes économiques. Vu la période particulière à laquelle ces personnages agissaient – un passé parfois récent où les mentalités étaient différentes –, leur comportement n'est pas critiquable. Ces chasseurs étaient sans aucun doute de grands connaisseurs des loups. Mais il est surprenant d'apprendre que, jusqu'au début des années 1970, la plupart des pays avaient encore inscrit le loup comme un animal nuisible, donc à exterminer. En Italie, par exemple, où le loup est strictement protégé

Chaque fois qu'un loup était tué, une fête était organisée. Les enfants, à cette époque, étaient partagés entre une grande attirance pour cet animal et une peur, mêlée de mépris. Ces sentiments se manifestaient au grand jour quand la bête était vaincue.

depuis 1976, les agents forestiers avaient, jusqu'en 1971, pour tâche d'en limiter le nombre en les empoisonnant. Les chasseurs pouvaient aussi en abattre sans restrictions.

Sans doute peut-on expliquer cette attitude par la difficulté de vivre dans les villages de montagne. L'existence, particulièrement rude, y était imprégnée d'une culture religieuse manichéenne, où le Bien s'opposait sans nuance au Mal.

Ainsi, les histoires passées sur les loups sont-elles riches de symboles. L'un des plus néfastes fut, surtout en Europe, celui qui vit la personnification du diable sous la forme du lycanthrope, ou loup-garou, mi-homme, mi-loup. Ces êtres terrifiants étaient censés vivre la nuit dans les forêts et se repaître de chair humaine. On pouvait toutefois s'en défendre à condition de connaître leurs faiblesses : ils ne pouvaient pas monter plus de trois marches et étaient stoppés net par le signe de croix. Si la lycanthropie est largement chimérique, les scientifiques aujourd'hui pensent qu'elle a pu trouver son origine dans une maladie psychiatrique réelle, une forme de paranoïa zooanthropique. Mais les croyances ont la peau dure et l'homme a toujours eu besoin de boucs émissaires.

Le loup a pourtant, dans ses valeurs symboliques, un double aspect : terrible et obscur d'un côté, il peut être bénéfique et porteur de vie de l'autre. Dans certaines civilisations, il est vu comme un animal qui accompagne les âmes dans l'au-delà. Hadès, le dieu grec des Enfers, était vêtu de peau de loup et le dieu étrusque de la mort avait des oreilles de loup.

Les chiens de protection, ici un berger de la Maremme et des Abruzzes ou ailleurs un montagne des Pyrénées (ou patou), sont l'un des moyens les plus efficaces pour protéger les moutons des attaques des loups. Ces chiens sont quelquefois équipés de collier anti-loup en fer ou en fer et en cuir, avec d'énormes pointes qui servent à préserver leur cou lors d'éventuels corps-à-corps.

Le caractère lumineux du loup (suggéré par le fait qu'il peut voir dans le noir) et céleste (l'étoile Sirius est un « Loup » pour les Chinois) atteste ce côté positif. Chez les Mongols, le loup, qui représente le Ciel, est le compagnon de la biche blanche, figuration de la Terre : de leurs noces sacrées naissent les héros, comme Gengis Khan.

Dans la culture celtique, le loup est un emblème de prévenance, de loyauté, de capacité à aimer et à protéger les siens. C'est un guide pour ceux qui s'aventurent dans les mondes spirituels, un animal qui vient en aide à ceux qui en ont besoin. Le loup est le messager de la déesse de la « mort dans la vie ». Il servait d'accompagnateur vers la terre des morts, en guidant les âmes à travers les forêts de l'autre monde.

Dans les cultures des prairies nord-américaines, par exemple chez les Peaux-Rouges Blackfoot, les éclaireurs étaient souvent surnommés « loups », par référence à la grande habileté de ces animaux pour trouver les traces de leurs proies et à leur fidélité, au prix de leur vie, envers la société complexe à laquelle ils appartiennent. On estimait par ailleurs qu'ils ne pouvaient pas être empoisonnés, car leur système digestif expulse automatiquement toute substance nocive (autodéfense vaincue par les puissants poisons mis au point par la chimie moderne...). Le loup symbolise donc la capacité à discerner le danger et à œuvrer pour le bien de la communauté, ainsi que l'aptitude à trouver la voie juste dans la vie. Dans la mythologie peau-rouge, le loup gris représente la figure du maître et du sage ; ses dents, utilisées comme talisman, garantissent courage et liberté.

Des croyances de ce genre subsistent également en Europe. Ainsi, en Italie, on raconte qu'un petit sachet rempli de poudre de foie de loup, placé au-dessus du berceau, protège et fortifie le nouveau-né ; ou bien que des molletières en peau de loup affermissent les jambes de celui qui les porte. Par ailleurs, partout dans le monde, les hommes se sont approprié l'apparence du prédateur le plus féroce ou du moins prépondérant dans leur pays : on trouve ainsi des hommes-tigres en Inde, des hommes-jaguars en Amérique latine, des hommes-lions en Afrique, etc. Bien que cette métamorphose ait parfois des buts chamaniques de vision et d'exploration, de contact avec l'esprit et de communication avec l'au-delà, dans la plupart des cas, l'homme prend la peau des animaux pour perpétrer impunément de graves crimes en leur nom... alors que la pauvre bête, à bien y regarder, est probablement moins violente que l'homme et surtout bien moins cruelle.

Les prédations sur le bétail domestique sont parfois l'unique possibilité qu'a le loup pour se nourrir, mais les risques qu'il court lors de ces attaques sont très élevés. Seule une politique avisée de remboursement des dommages favorise la cohabitation entre les bergers et les loups, même s'il est extrêmement rare de trouver un berger prêt à ne pas tuer un loup si l'occasion se présente.

Vestiges d'une mentalité ancestrale. Aujourd'hui encore, l'imaginaire collectif, à travers le cinéma, les fables et les contes, se nourrit et s'alimente de ces histoires fantastiques et terribles. On peut pourtant de nos jours, même si ce n'est pas chose facile, contribuer à rétablir la vérité. Certes, la peur du loup paraît gravée en nous – comme l'est d'ailleurs le rejet qu'inspirent reptiles, insectes velus ou rats. Mais les gens semblent désormais disposés à comprendre, à remettre en cause les idées reçues du passé. Il est donc temps de parler du loup tel qu'il est réellement.

Les recensements de loups sont effectués en utilisant la technique du wolf howling *qui consiste à diffuser un hurlement, solitaire ou en chœur, depuis des lieux surélevés. L'enregistrement de réponses éventuelles permet de repérer les loups présents sur le territoire et – avec l'analyse spectrographique – de déterminer le nombre de participants au hurlement et les caractéristiques de chaque voix.*

Ce qui n'empêchera pas de continuer à raconter l'histoire du Petit Chaperon rouge. Elle gardera son charme mystérieux et un peu terrifiant, qui plaît tant, et sa fin heureuse – même pour le loup finalement. En tout cas, elle ne lui nuira pas. Au contraire : c'est l'occasion d'en parler aux enfants qui sont bien disposés, dans leur jeune âge, à rêver, en s'envolant par l'imagination. À condition de comprendre la vérité le moment venu.

D'ailleurs, bien avant d'inventer tant de sornettes sur lui, l'homme a choisi le loup comme compagnon de vie : il l'a sélectionné et éduqué durant des milliers d'années, et ce faisant l'a transformé en chien. Il existe aujourd'hui d'innombrables races canines, partout dans le monde ; de ce point de vue, on pourrait dire que le véritable succès évolutif du loup est cette transformation, même si ce propos n'est pas exact en termes biologiques et scientifiques.

Le chien se retrouve aujourd'hui à défendre les troupeaux contre l'attaque de son cousin le loup, mais également à aider cette espèce dans les périodes difficiles. En effet, on sait qu'ont eu lieu des croisements entre des chiens sauvages et des loups qui – réduits à un tout petit nombre d'individus – n'avaient pas d'autres solutions pour se reproduire.

Le loup, fier et loyal avec les siens, est un maillon très important dans les écosystèmes du monde entier. Sa présence, résultat de son immense capacité d'adaptation, même dans des conditions difficiles où les proies commencent à manquer, est une indication de la qualité de l'habitat.

De nos jours, les populations de loups sont globalement en augmentation, et les accouplements avec des chiens n'ont plus lieu. Le chien est redevenu un concurrent alimentaire, quand il vit sans liens avec l'homme et parfaitement réintégré dans la vie sauvage.

Mais qui peut prévoir l'avenir ?

Une chose est certaine : les équilibres internes du triangle « homme-chien-loup » continueront à se modifier, en faveur de l'une ou l'autre des parties. Mais nous savons désormais que le cousin sauvage nous accompagne depuis toujours et que son droit à vivre libre est indiscutable. Le triangle ne peut pas se briser, et chacun de nous peut contribuer à la sauvegarde du loup.

Il suffit de parler de lui avec respect et honnêteté. Et de se laisser séduire par ses qualités et ses prouesses.

Connaître le loup

Une vie de prédateur

Que savons-nous du loup,
si ce n'est qu'il fait peur
et qu'il ressemble
à un gros chien ?
Bien sûr, nous en avons tous
entendu parler,
mais qui d'entre nous
en a déjà vu un ?

Certes, il nous semble familier et ce, depuis des centaines de milliers d'années. Mais qui est-il véritablement ? Comment vit-il ?

Pour commencer, nous pourrions dire que c'est un mammifère carnivore (pas omnivore comme l'homme) placentaire. Le placenta permet de nourrir et de faire grandir les petits, dans la première phase de leur vie, lorsqu'ils sont protégés dans le ventre de la mère. Tous les mammifères ne sont pas placentaires : les marsupiaux, comme le kangourou ou le diable de Tasmanie, et les monotrèmes, l'ornithorynque par exemple, sont en effet des mammifères aplacentaires.

Les premiers mammifères sont apparus sur Terre il y a environ 195 millions d'années, à l'époque jurassique ; ils étaient insectivores et

ont donné naissance, après des évolutions et des différenciations échelonnées sur des millions d'années, à tous les ordres de mammifères que nous connaissons : primates, carnivores, cétacés, etc.

Dès les origines en effet et jusqu'à nos jours, les multiples et diverses espèces d'animaux ont lutté pour survivre en tenant compte des ressources et des territoires dont elles disposaient. La nécessité de survivre génère la sélection, des individus comme des espèces. Combinée à l'immense capacité de changement inhérente à la vie elle-même, cette sélection entraîne, siècle après siècle, d'importantes modifications. Ainsi, au sein d'une espèce, seuls les individus les plus forts et, disons, les plus « rusés » l'emportent. Ce sont donc eux et eux seuls qui

De la pointe du nez au bout de la queue, un loup mesure de 100 à 150 cm, et du sol au garrot, lorsqu'il est sur ses quatre pattes, sa taille varie de 50 à 80 cm. Les spécimens les plus gros vivent dans la partie nord, plus froide, de notre hémisphère. Ils peuvent alors atteindre les 80 kg, le poids d'un homme adulte.

Le loup tel que nous le connaissons aujourd'hui est apparu sur Terre il y a environ 2 millions d'années. Son premier véritable ancêtre appartient au genre Cynodictis. *Il ressemblait davantage à une grosse belette qu'à un loup proprement dit.*

Les loups sont digitigrades : ils se déplacent sur leurs doigts. Les pattes antérieures en ont cinq (le pouce est plus haut que les autres), les pattes postérieures quatre.

Les loups régulent leur température uniquement à travers les muqueuses de la bouche et la surface de leurs poumons.

L'agressivité des loups se manifeste essentiellement lors du repas.

s'unissent et engendrent une descendance. Au fil du temps, ce processus peut conduire à la création de nouvelles espèces. De génération en génération, la forme et l'aspect des individus se transforment, les cycles vitaux évoluent et se redéfinissent. Ainsi, l'espèce peut s'adapter aux évolutions de l'environnement qui l'entoure, aux modifications du climat, des ressources alimentaires, des espèces concurrentes ou « ennemies ». C'est cette capacité d'évolution qui lui permet de perdurer des siècles, ou des millénaires, faute de quoi elle succombe et disparaît. Et, dans la nature, l'extinction n'est pas

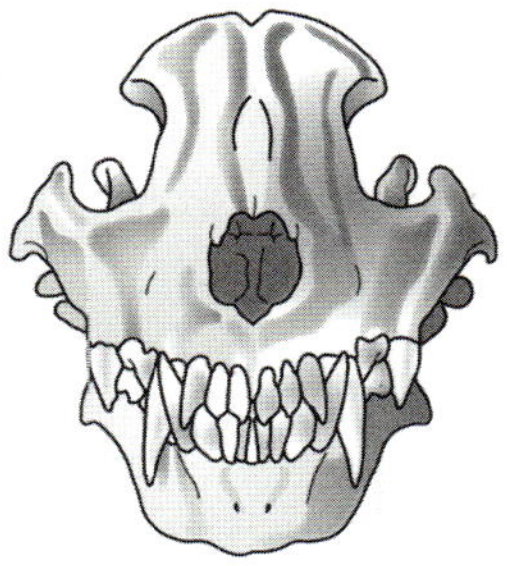

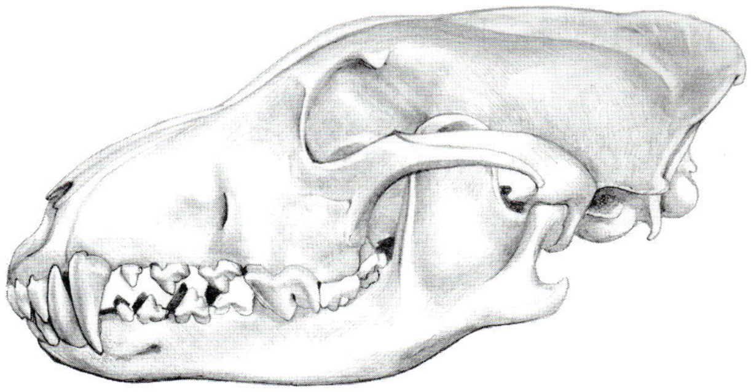

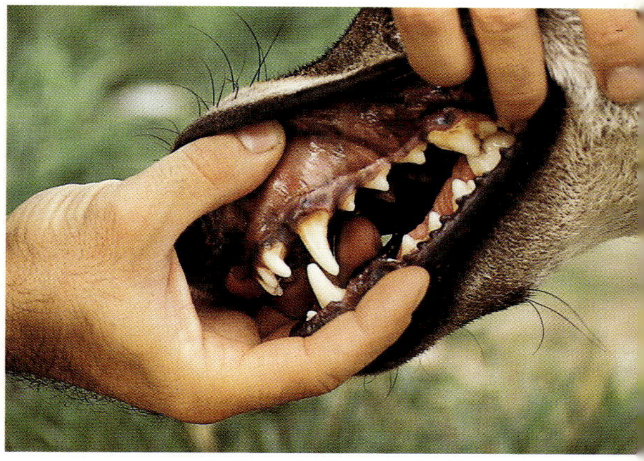

Une machine de chasse sophistiquée

Les canines, gueule fermée ou ouverte, vues de face, donnent une idée de la capacité de prise de la denture d'un loup dans la chair de sa proie. L'angle orbital est un excellent élément d'évaluation, utilisé pour distinguer le crâne d'un loup de celui d'un chien. Chez les chiens, en effet, l'angle est moins aigu (53°-60°).
Les puissants muscles masticateurs (masséters, ptérygoïdiens et temporaux), attachés à la structure osseuse du crâne, actionnent l'appareil masticateur complexe des loups. Leurs canines peuvent atteindre 3,5 cm de long et tout le système a une puissance de morsure évaluée à 100 kg/cm^2.
Si les canines sont utilisées pour la prise, les molaires et en particulier les carnassières (quatrième prémolaire supérieure et première molaire inférieure) servent à tailler la viande et à ronger les os.

un événement exceptionnel : 90 % des espèces qui ont vécu sur Terre ont disparu.

Par ce phénomène progressif et extrêmement lent d'évolution, les premiers mammifères qui, 130 millions d'années auparavant, se nourrissaient d'insectes, ont laissé la place, il y a environ 65 millions d'années, aux premiers carnassiers fossiles, les créodontes. Mais il fallut encore attendre près de 20 millions d'années pour qu'apparaissent les ancêtres des familles actuelles de carnivores terrestres, notamment celle des canidés, la famille des loups, mais aussi des chacals, des coyotes et des dingos (des chiens sauvages d'Australie).

Le loup, dans sa forme actuelle, est apparu sur Terre il y a environ 2 millions d'années. Avec sa grâce, sa force et sa beauté, et malgré les peurs et les persécutions dont nous avons parlé dans le chapitre précédent, il a toujours fasciné l'homme. Il semblerait qu'*Homo sapiens* ait éprouvé pour lui, et ses compétences exceptionnelles, une attraction particulière dès les origines : on a retrouvé, dans une grotte paléolithique datée de 14 000 ans, un os de loup qui n'en était déjà plus un. Ainsi, au moins dès cette époque, des générations entières d'hommes se sont-elles consacrées à façonner le loup, son corps et son psychisme, pour qu'il devienne le chien.

Les loups ont des capacités importantes de déplacement : ils peuvent en effet couvrir jusqu'à 50 km par jour.

L'aspect du loup et son organisation sociale varient selon les différentes zones géographiques du monde où il vit. Sa taille plus ou moins grande, son aspect plus ou moins massif sont par exemple des caractéristiques qui dépendent du climat et du territoire. Là où ils ont le plus d'espace et surtout le plus de ressources à leur disposition, les loups se rassemblent en meutes nombreuses.

Le loup peut aussi paraître plus ou moins imposant, selon qu'il a son pelage d'hiver ou d'été (il mue en effet deux fois par an). Un loup avec son poil d'été, observé sous les latitudes centro-européennes, où il a un gabarit plus imposant que ses congénères vivant dans les zones méridionales, présente un corps élancé et souple, avec des pieds plutôt gros par rapport à ses dimensions d'ensemble. L'aspect extérieur de son corps s'est adapté au milieu dans lequel il vit, mais sa structure reste celle d'un infatigable trotteur.

Qu'il se déplace au pas, au trot ou en courant, le loup le fait « sur la pointe des pieds ». Il est en effet digitigrade et, quand on cherche à pister des loups, leurs empreintes au sol sont souvent, pendant des jours, le seul signe qui révèle leur présence sur le territoire.

La couleur du pelage est très variable, et il est difficile, pour des non-spécialistes, d'en apprécier les subtiles

Quand il fait très chaud, les loups ont tendance à se reposer, à l'ombre de la forêt. Au cours de la période hivernale, en revanche, pour se protéger du froid, ils creusent des trous dans la neige.

Un loup est couvert et protégé par deux types de pelage : un duvet, laineux et isolant, appelé « bourre », et un poil plus long, de couleur soutenue et typique des périodes hivernales, dit « jarre ». Au cours de l'année, il y a deux mues de poils, une chute au printemps et une pousse à l'automne.

Un loup doit consommer pour survivre de 1 à 3 kg de viande par jour. Mais les repas ne sont pas réguliers et, en cas de nécessité ou de véritable faim, les loups les plus gros, ceux qui vivent dans le nord de notre hémisphère, peuvent manger jusqu'à 15-20 kg de viande en une seule fois.

variations. Les nuances et les tons diffèrent considérablement et en principe ne sont pas uniformes, même s'il existe des spécimens totalement noirs ou intégralement blancs. L'aspect du pelage change de l'été à l'hiver, quand la livrée est plus touffue et de couleurs plus soutenues.

Autre caractéristique : les loups ne suent pas et leur régulation thermique se fait uniquement par la respiration. Ainsi, quand il fait très chaud, ils ont tendance à se reposer, protégés dans l'ombre de la forêt. Leurs glandes sudoripares, situées uniquement entre les doigts de pieds, servent seulement à informer les autres loups de leur présence par un « marquage » odorant. Le museau est allongé, les oreilles petites et arrondies. La mâchoire, avec 42 puissantes dents et de vigoureux muscles masticateurs, est la principale arme d'attaque du loup. Lorsqu'on observe un loup, le simple aspect de ses canines – mâchoire fermée – suffit à nous donner une idée de la force de sa morsure !

Lorsqu'on trouve dans une forêt des proies tuées et à demi dévorées, l'analyse de tous les signes laissés dans le milieu environnant permet de reconstituer la dynamique de la prédation. Prenons l'exemple d'un cerf mâle adulte de 214 kg, suivi dans ses déplacements par des chercheurs grâce à un collier émetteur de petite taille, semblable à une clarine de vache. Ce vieux cerf, tombé malade au cours du dernier mois de son existence, a été attrapé et tué par trois loups qui l'ont littéralement mis en pièces lors de plusieurs repas, en en rongeant même les os, protégés par un gros buisson d'aubépine. Les restes du repas, que chaque individu avait consommé séparément, ont été retrouvés cachés entre les ronces.

Mais quelles sont les proies du loup ? De quoi se nourrit-il ? Le loup est par nature un opportuniste. En termes écologiques, il peut être défini comme un super-prédateur. C'est-à-dire qu'il se nourrit de tout ce qu'il peut trouver sur son territoire :

Le régime du loup varie selon les proies disponibles. S'il vit en meute, il peut aller jusqu'à attaquer un élan adulte, mais s'il vit en petits groupes ou seul, il se limite à des proies de plus petite taille, se contentant parfois même d'amphibiens et d'insectes.

herbivores sauvages ou domestiques, lapins, rongeurs, oiseaux, reptiles, amphibiens, insectes même, mais aussi (et c'est la définition de super-prédateur) d'autres prédateurs, comme des renards, des blaireaux, voire des chiens errants. Il peut même, quand il ne trouve rien de mieux, courir les décharges et ingérer des restes de nourriture. Il ne dédaigne pas non plus manger, en petite quantité, des fruits, des baies et des herbes.

L'histoire du loup est celle d'un succès évolutif dû précisément à sa non-spécialisation alimentaire, bien qu'il soit un prédateur. Ce succès lui permet de vivre pratiquement dans tout l'hémisphère Nord.

Pour survivre dans des contextes tellement différents, répartis sur un territoire aussi grand, il faut être doté d'une intelligence remarquable et d'instruments sensoriels affinés. Son odorat et son ouïe, très développés, permettent au loup de recueillir des informations qui sont pour nous inimaginables. L'un des plus grands spécialistes de l'espèce, David Mech, affirme que les loups sont capables de sentir la présence d'un élan à 300 mètres et celle d'une vache à 1 500 mètres. Ses capacités à suivre une trace olfactive au trot et à percevoir un danger grâce à son odorat ou à son ouïe font de cet animal le maître d'un monde qui ne nous appartient pas.

À l'intérieur du territoire, il existe des terrains de chasse privilégiés. Les loups quittent l'endroit où ils se sont reposés et se mettent en route en file indienne.

La chasse peut être reconstituée grâce à l'étude des traces sur la neige, mais c'est uniquement en retrouvant les restes de la proie qu'on peut se faire une idée de la véritable dynamique de la prédation.

Le lien qui l'unit à ses proies, dans les espaces restés sauvages, et leur affrontement rappellent ceux qui existent entre les lions et les gazelles, avec toutes les pauses que réserve aux deux parties une journée type. Souvent, les loups restent en contact visuel avec leurs proies, leur garde-manger mobile. Quand la faim commence à stimuler leur instinct de chasse, l'excitation augmente. Les rangs sociaux sont confirmés à travers des soumissions ou des dominations : chacun a une tâche, un rôle dans la chasse. Toutefois, les succès sont rares par rapport au nombre de tentatives ; de fait, les proies qui vivent en contact étroit avec un prédateur connaissent à leur tour ses habitudes et restent toujours sur le qui-vive parce qu'elles « savent » qu'elles risquent leur vie. C'est l'une des raisons pour lesquelles les loups sélectionnent leurs victimes, en attaquant les plus faibles : les animaux jeunes ou, au contraire, les vieux et les malades, les blessés ou les isolés.

Un loup évalue bien ses stratégies d'attaque et, quand le risque est supérieur aux probabilités de réussite – à moins qu'il n'ait vraiment trop faim –, il renonce. Voyons le cas du sanglier, qui est une des proies de prédilection du loup en Italie, mais aussi dans le sud de la France et en Espagne. Attaquer un sanglier adulte est dangereux, et une laie devient

Chez les loups, l'odorat, qui est l'un des sens les plus développés, est utilisé comme moyen de communication et pour la chasse. Les loups sont capables de sentir la présence d'un élan à 300 mètres et celle d'une vache à 1 500 mètres.

aussi très agressive quand ses marcassins ou d'autres femelles de sa descendance sont à ses côtés. Le loup préfère donc s'en prendre aux jeunes mâles. Vers un an, les jeunes sangliers s'éloignent de leur mère et du groupe matriarcal porcin ; ils ont la bonne taille, ils sont encore relativement sans défense, sans expérience. C'est alors que le loup les attaque.

À l'exception de phases particulières de sa vie, toujours moins favorables, durant lesquelles un individu se retrouve seul, le loup vit et chasse en meute. Dans cette activité, vitale, il peut y avoir parfois concurrence entre différentes meutes, mais jamais à l'intérieur d'une même meute. C'est pourquoi l'organisation sociale ainsi que la délimitation et la défense d'un territoire « exclusif » de chasse sont si importantes pour la survie des loups. De fait, là où la pression de l'homme est moindre, et donc là où il y a le plus de proies, la population de loups se stabilise par la subdivision de l'espace entre meutes voisines. Une meute défend son territoire contre d'autres meutes qui, si elles ne le respectent pas, en sont chassées.

Mais comment une meute fait-elle pour reconnaître le territoire d'une autre meute ? Il existe une sorte de langage, écrit sur le sol avec des signes visibles et olfactifs. Au marquage « classique » (miction et défécation, pratiquées également

par les chiens et d'autres animaux) s'ajoute le signe odorant laissé par les glandes interdigitales des pattes et par le contenu des sacs anaux : ces petites poches renferment une substance produite par des glandes spéciales, qui peut être déposée en même temps que les fèces. Il ne faut pas oublier par ailleurs le hurlement, qui signale la présence d'une meute aux autres meutes éventuelles, voisines ou en transfert.

Après avoir analysé et commencé à comprendre certains aspects de la structure sociale du loup, sur un territoire qu'il connaît sur le bout des pattes, et riche, dans la meilleure des hypothèses, de proies, arrêtons-nous maintenant sur ce qui se passe entre les loups quand ils se préparent à chasser.

Il convient d'écarter l'idée de loups sanguinaires ou parfaites machines de chasse pouvant suivre leurs proies sur des dizaines de kilomètres : toutes les tentatives d'attaque ne sont pas couronnées de succès, loin s'en faut.

Dans des conditions idéales, le loup suit la logique du moindre effort pour un gain maximal. Une meute de loups connaît son territoire de fond en comble et, si elle le peut, au moins à certaines périodes de l'année, elle vit en étroit contact avec les proies. Mais il n'est pas possible de définir ou de décrire de manière schématique ou méthodique la logique qui fait partir à la chasse les différentes meutes de loups dispersées dans le monde. Les observations de prédation

Lorsqu'ils grattent le sol avec leurs glandes sudoripares interdigitales (on parle alors de « déchaussage »), les loups communiquent de manière visuelle et olfactive leur présence aux autres loups. C'est une façon de marquer les limites de leur territoire.

dans la nature sont rares. La plupart ont été conduites sur les territoires nord-américains, par survol aérien. Il s'agit en outre souvent d'observations partielles, et toutes ne sont pas couronnées de succès. Les chercheurs se heurtent en effet à des problèmes concrets de terrain : ainsi, il est possible de comprendre beaucoup de choses à partir de la présence d'empreintes sur la neige, mais rarement de savoir comment a été menée une stratégie de chasse. Sur place, il est difficile d'établir si les traces des loups ont un retard sur la proie de quelques minutes ou d'une heure, ce qui fait la différence entre une chasse à vue ou une chasse à la recherche de proies. Évidemment, lorsqu'on arrive, en suivant les traces, à trouver les restes de la victime et les signes de lutte sur la neige, il est possible de procéder à une bonne reconstitution des événements.

La théorie la plus probable est que les loups suivent, certes, des stratégies, mais que leur technique est basée essentiellement sur la rencontre fortuite de la proie ou des traces olfactives qu'elle a laissées sur le territoire ; si les traces sont fraîches, les loups partent à sa recherche.

Le loup mange aussi parfois du bétail. Il est probable qu'il l'attaque plus précisément au cou, parce que ce sont des proies plus faciles que les animaux sauvages.

Une meute de loups se réveille. Ils ont faim et commencent à manifester leur appétit. Une certaine nervosité monte dans l'air, elle s'exprime puis croît pour devenir excitation, frénésie. Les individus les plus jeunes entreprennent de témoigner activement leur soumission à l'égard de leurs supérieurs. Les loups se communiquent mutuellement par différentes postures leur faim et leurs besoins.

Avec des attitudes semblables à celle des louveteaux qui réclament de la nourriture à la mère, les loups inférieurs dans la hiérarchie de la meute informent les dominants de leur état physique, notamment par des contacts de gueule à gueule. À un certain moment, les loups se regroupent et commencent à patrouiller l'espace à la recherche de proies. À l'intérieur du

territoire, il existe des terrains de chasse privilégiés ; pour les rejoindre, les loups quittent le lieu où ils se sont reposés et se mettent en route en file indienne.

En suivant leurs traces dans la neige, on tombe parfois sur des endroits où les individus se sont séparés « en éventail » (cette étape est souvent marquée par des jets d'urine). Il y a probablement des zones où la possibilité de rencontrer une proie, selon leur logique et leur expérience, est plus élevée, et ils se dispersent pour ratisser simultanément une plus grande superficie. En utilisant cette technique d'exploration et leur formidable odorat, les loups font fuir les proies, comme les élans ou les cerfs, cachées dans la végétation, qui sont peut-être en train de ruminer tranquillement le peu de nourriture que le bois offre dans les périodes hivernales. La poursuite est alors lancée, les loups se regroupent et attaquent. Le comportement de la proie dans pareil cas peut être de trois types. Soit elle s'immobilise, et cette attitude semble inhiber au moins temporairement l'agressivité des loups, soit elle fuit et les loups la poursuivent. À ce moment, les probabilités de survie sont liées essentiellement aux capacités physiques de la proie et à la détermination des prédateurs. Les poursuites durent quelques centaines de mètres, parfois quelques kilomètres. La troisième possibilité, à savoir que la proie se défende, est réservée aux animaux les plus gros tels que les cerfs et les élans qui sont en mesure de tenir tête même à une meute entière.

Les marquages avec fèces et urine sont utilisés par le loup pour manifester sa présence sur le territoire et pour en signaler les limites.

Il existe des témoignages, en Europe également, de biches qui se sont défendues en utilisant leurs sabots antérieurs comme un boxeur utilise ses gants.

Quand il attaque, un loup tente de mordre la proie de toutes parts, il la harcèle, cherchant juste à éviter ruades et coups de corne. Le mythe du loup qui poursuit sa proie et la tue en un éclair en lui saisissant le cou fait partie de la multitude de sornettes qui circulent sur cet animal. Certes, la proie est achevée de cette manière, mais après un quart d'heure de lutte, de multiples blessures, ou parce qu'elle est acculée dans la neige. En somme, dans la nature, un mauvais choix se paie au prix de la vie, et les loups vivent sur les erreurs de leurs victimes, leurs naïvetés, leurs faiblesses ou leurs maladies. Ils sont des sélectionneurs naturels de ces animaux qui paradoxalement, en tant qu'espèce, en tirent un avantage.

Seuls les plus attentifs, c'est-à-dire ceux qui possèdent un bon appareil sensoriel, un bon appareil locomoteur et une excellente connaissance de leur territoire, réussissent à échapper aux loups. Les autres succombent, et leur mort les empêche de transmettre leurs « défauts » à leur progéniture. Prenons l'exemple d'une population de cerfs à queue blanche qui est soumise à la pression sélective d'un prédateur comme le loup : il en résulte que cette espèce est de mieux en mieux adaptée aux conditions imposées par une vie naturelle extrêmement rude.

Canis lupus

Le loup et son territoire

Le loup s'est adapté aux climats les plus extrêmes et aux conditions les plus difficiles. Pendant très longtemps, il a en effet pu vivre aux côtés des hommes comme simple concurrent, et non comme ennemi.

Sa répartition dans le monde est dite « holarctique circumpolaire ». En substance, le loup est – ou a été – présent dans tous les milieux de l'hémisphère Nord, à l'exception des forêts tropicales et des milieux désertiques, même s'il existe dans la péninsule Arabique sous une forme plus petite, adaptée dans sa physiologie et son aspect extérieur à la dure vie du désert. Sur le continent américain, le loup se déploie du 20e à au-delà du 80e parallèle nord, jusqu'à la limite des terres émergées. Sur le continent eurasiatique, son expansion n'est arrêtée que par la mer. Le loup fut même présent au Japon, sur les îles de Hokkaido et Honshu, avec deux sous-espèces, *Canis lupus hattai* et *Canis lupus hodophilax*, mais il en a aujourd'hui disparu.

Malgré les persécutions qu'il a subies dans le passé et dont il continue à faire l'objet, le loup est un exemple de réussite biologique. Il est présent en Amérique du Nord, en Europe et en Asie, dans presque tous les types de milieux.

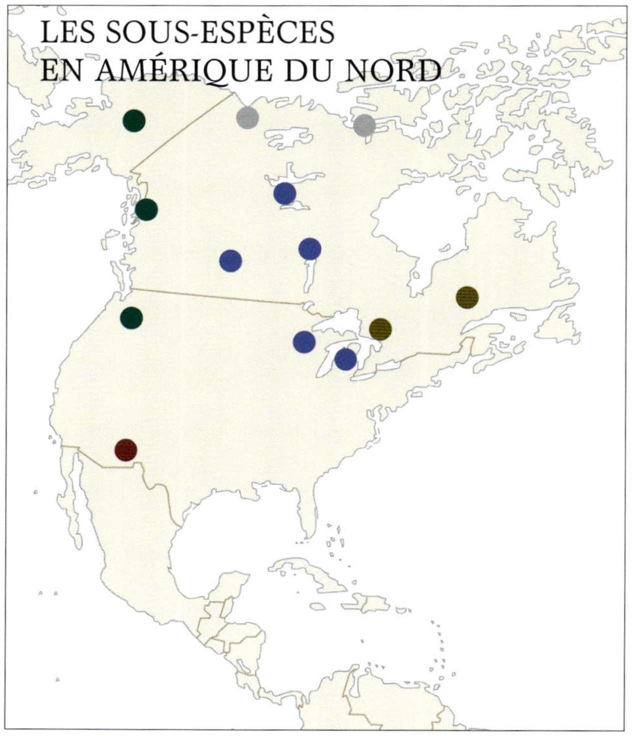

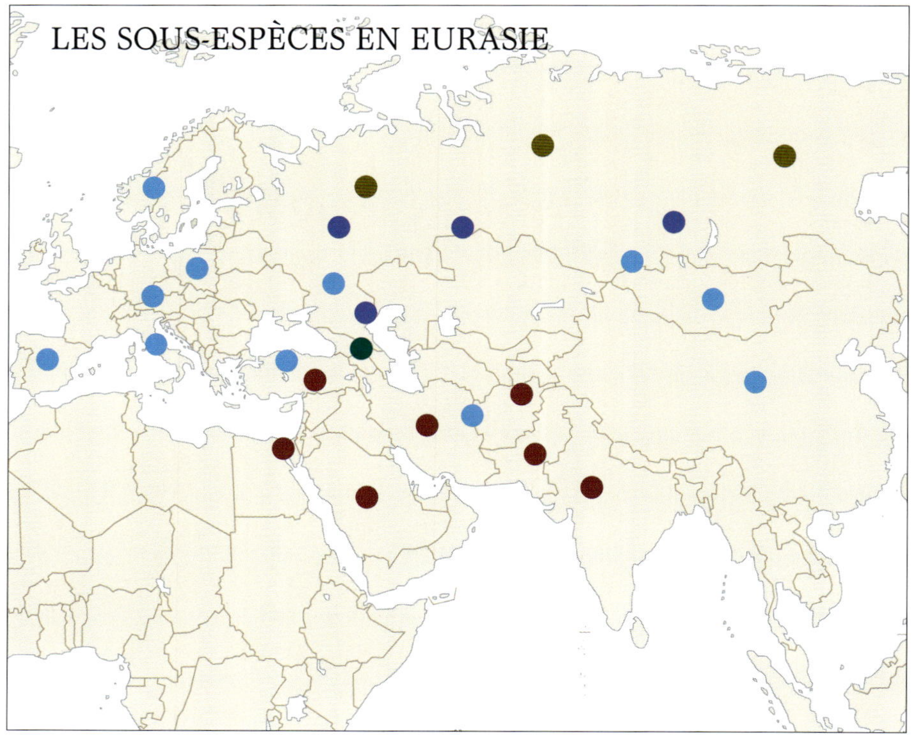

- *Canis lupus arctos* (loup arctique ou loup blanc)
- *Canis lupus baileyi* (loup du Mexique)
- *Canis lupus lycaon* (loup de l'Est ou des bois)
- *Canis lupus nubilus* (loup des plaines)
- *Canis lupus occidentalis* (loup des montagnes Rocheuses)

- *Canis lupus albus* (loup de Sibérie)
- *Canis lupus arabs* (loup d'Arabie)
- *Canis lupus lupus* (loup d'Europe)
- *Canis lupus communis* (loup gris de Russie)
- *Canis lupus cubanensis* (loup de la mer Caspienne)

Les zones les plus septentrionales sont encore de nos jours celles qui accueillent le plus grand nombre de loups, probablement parce que l'homme est peu présent sur ces territoires inhospitaliers. Au fur et à mesure que l'on descend vers le sud dans la zone plus tempérée, la distribution du loup est davantage fractionnée, avec de vastes régions dont il est absent et qui rompent la continuité des aires de répartition, en isolant les différentes populations les unes des autres.

En Europe, jusqu'au XIXe siècle, le loup vivait partout où il y avait des forêts et des proies, tant en plaine qu'en montagne, sauf en Grande-Bretagne et au Danemark, où l'espèce avait déjà disparu depuis au moins un ou deux siècles. Les débuts du XXe siècle marquèrent un tournant : le comportement de l'homme à l'égard du loup, et de l'environnement en général, changea considérablement. Le loup a commencé à être persécuté avec acharnement et détermination dans toute l'Europe ; des corps spéciaux de l'État ont même été utilisés à cet effet, comme la Louveterie en France. L'espèce a dès lors complètement disparu de nombreux pays d'Europe occidentale : dès la fin du XIXe siècle en Belgique et dans l'ouest de l'Allemagne, vers 1903 au Luxembourg, et, officiellement, en 1939 en France. Quelques individus survécurent au sein de petites populations isolées espagnoles, portugaises et italiennes, quelques spécimens en Suède et en Norvège. La majeure partie de la population s'est maintenue en Europe orientale, probablement grâce à l'immensité des territoires de l'ex-Union soviétique. En Italie, le loup était présent partout, de la Sicile aux Alpes, sauf en Sardaigne, mais, en quelques décennies, sous l'effet des *lupare* siciliennes (fusils à canon scié), de la taille incontrôlée des bois, des appâts empoisonnés et du travail acharné des chasseurs de loup professionnels, l'espèce a été presque totalement exterminée.

Heureusement, depuis une trentaine d'années, la situation s'est retournée. L'homme a recommencé à protéger le loup et ses espaces vitaux grâce à plusieurs conventions internationales (Convention de Berne, CITES et directives communautaires sur les espaces vitaux) auxquelles ont adhéré de nombreux pays. Les bois ont été repeuplés avec les proies naturelles du loup et, dans certains pays, l'État a décidé de rembourser les dommages causés par ses incursions dans les troupeaux. Il convient d'ajouter à cela des campagnes de sensibilisation qui ont amélioré dans l'imaginaire collectif l'image du terrible prédateur en le ramenant à son véritable rôle écologique.

Répartition de l'espèce Canis lupus

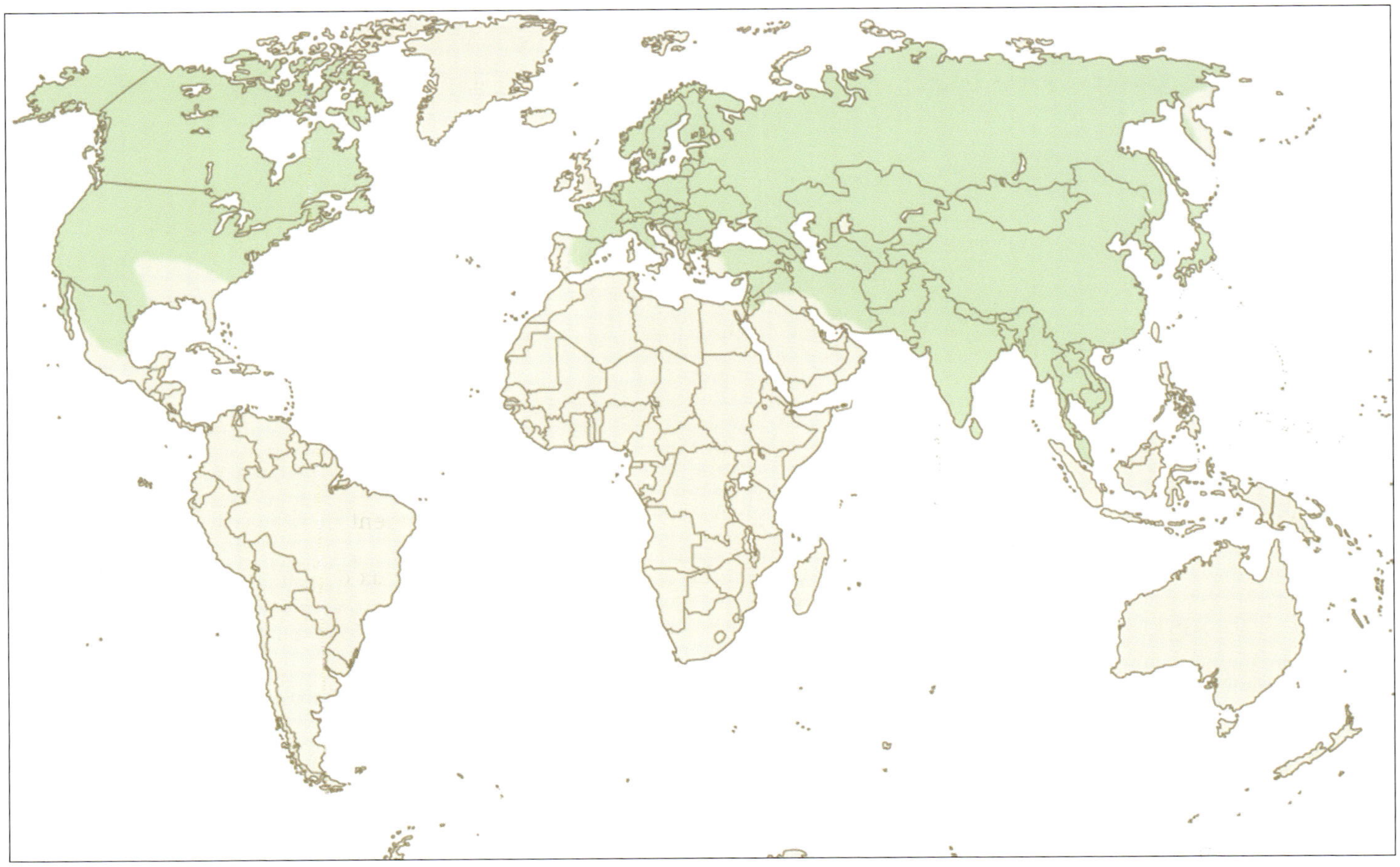

Canis lupus lupus

Canis lupus lupus *est la sous-espèce de loup qui vit en Europe et dans une grande partie de l'Asie, avec plusieurs populations isolées les unes des autres. L'isolement géographique est l'un des mécanismes qui favorisent l'apparition de différences dans l'aspect et dans le génome, lesquelles entraînent la naissance d'une sous-espèce.*

Les loups des Apennins italiens ont fait l'objet de longues discussions et analyses. Certaines de leurs caractéristiques comme la présence de bandes noires sur les pattes avant, une couleur de fond tendant au roux semblable à la couleur automnale des feuilles de hêtre, et un développement important de la partie antérieure du corps, ont conduit des chercheurs à les définir comme une sous-espèce.

Le loup, en bon opportuniste, a immédiatement profité de la situation et de l'abandon des territoires de montagne par l'homme pour recoloniser timidement les territoires d'Europe centrale ; aujourd'hui, la population allemande est en contact avec celle de la République tchèque et la population en Suède est en phase de croissance, même si elle reste isolée.

En Europe occidentale, sur une bonne vingtaine de pays où il vit et pour lesquels on dispose de chiffres, on constate que le loup est en augmentation numérique dans huit cas et en position stable dans neuf autres ; il y a seulement trois situations de léger déclin et trois pays pour lesquels l'évolution est inconnue. Le nombre total de loups peut être estimé en Europe (hors ex-Union soviétique) à plus de 14 000 individus et à plus de 70 000 en Amérique du Nord. En Asie, sa situation reste très difficile à établir : ses populations, n'étant protégées nulle part sauf en Israël, sont fragilisées et très mal connues.

Le nom spécifique du loup, *Canis lupus*, réunit toutes les sous-espèces de loups vivant dans le monde. En dépassant la simple classification, il est possible de considérer l'espèce loup comme une espèce « polytypique » composée de nombreuses populations, plus ou moins isolées les unes des autres, qui se différencient par leur aspect extérieur, leur poids, leurs habitudes alimentaires. Elles peuvent être classées en plusieurs sous-espèces : *Canis lupus lupus*, *Canis lupus arctos*, *Canis lupus arabs*, *Canis lupus baileyi*... Chacun de

Canis lupus arctos

Le loup arctique, Canis lupus arctos, *a un pelage blanc crème et des oreilles relativement petites et arrondies. On le trouve également au-delà du 80ᵉ parallèle nord, ce qui montre les énormes capacités d'adaptation de cette espèce.*

Canis lupus albus

Le loup de Sibérie, Canis lupus albus, *ici photographié en été, est un autre exemple classique d'adaptation aux climats froids. En hiver, son poil devient gris clair aux reflets argentés et se densifie, pour le protéger des températures rigoureuses de la toundra sibérienne.*

De nos jours, Canis lupus lupus *englobe non seulement le loup d'Europe (ci-dessus), mais aussi le loup de Mongolie (page ci-contre), autrefois considéré comme représentant la sous-espèce* chanco.

ces noms groupe des populations qui partagent des caractéristiques de manière plus ou moins constante.

Il existe diverses théories qui établissent les sous-espèces de loups présents dans le monde à un nombre variable de 32-38, à 15 ou même 6-8 ; une simplification, peut-être excessive, les répartit en deux groupes : les loups des bois et les loups de la toundra.

Sans épiloguer sur les caractères qui distinguent une sous-espèce de l'autre, il convient de considérer ces sous-espèces dans leur valeur biologique, pour leur forme et leur capacité d'adaptation à la diversité du monde naturel.

L'exemple le plus banal concerne le loup de la toundra eurasienne ou loup de Sibérie (*Canis lupus albus*) qui vit dans les étendues gelées et sans végétation de la toundra sibérienne. Son poil a la couleur du fond sur lequel il vit, gris clair avec des reflets argentés et quelques traces noires et rouille, et il est très dense, pour le protéger du froid. L'animal a de petites oreilles arrondies, signe clair d'une adaptation à des climats extrêmes qui suit, dans d'autres espèces aussi, la règle bien précise de Bergman : à savoir que, parmi les mammifères répartis à différentes latitudes, les animaux qui vivent au nord sont plus gros. En effet, une masse corporelle élevée

Les canidés

Les canidés possèdent une remarquable homogénéité structurelle qui se reflète au sein des différents représentants de la famille ; ils ont souvent une socialité de reproduction et de chasse efficace, ils sont curieux, explorateurs et culturellement malléables ; ils sont digitigrades, avec cinq doigts aux membres antérieurs et quatre aux membres postérieurs, pourvus d'ongles non rétractiles leur permettant de creuser mais pas de saisir la proie. Ils vivent sous toutes les latitudes et leur denture est caractérisée par de grosses canines et des dents carnassières bien différenciées.

Canis aureus *(Chacal doré)*

C'est un canidé mince avec de longues pattes, mesurant 65-105 cm, et pesant entre 7 et 15 kg. Cet omnivore opportuniste se nourrit de charognes et de mammifères, des petits rongeurs jusqu'aux gazelles, mais aussi de fruits, d'insectes et d'invertébrés. Parmi les trois espèces connues de chacals, le chacal doré – bien qu'il soit considéré comme une espèce menacée – est le plus largement répandu, son aire de répartition s'étendant de l'Afrique à l'Asie méridionale.

Alopex lagopus *(Renard polaire)*

Le renard polaire rappelle beaucoup par son aspect un renard commun ; il est toutefois plus petit, avec des oreilles et un museau plus courts. Il en existe deux sous-espèces, une dont le pelage est à dominante blanche, et l'autre qui présente de nombreuses teintes, du gris argenté au bleu en passant par le châtain brun. Ces renards vivent exclusivement dans les régions arctiques et sont actifs toute l'année. En été, ils se nourrissent d'insectes, de rongeurs, de poissons, d'oiseaux marins ; en hiver, de lièvres polaires et des restes des proies des ours. Ils ont toutefois une prédilection pour les lemmings, qu'ils capturent en les débusquant de sous la neige d'un bond agile.

Vulpes vulpes *(Renard roux)*

Avec plus de soixante sous-espèces, c'est la plus répandue parmi les neuf espèces de renard commun. Le renard roux est une autre star de la famille des canidés, bien qu'il ait choisi un autre mode de vie que le loup : ses stratégies de survie se concilient en effet bien avec une existence solitaire. Pour chasser, il privilégie les heures du soir et se concentre sur des proies essentiellement de petite et moyenne taille, pour lesquelles il n'a pas besoin du soutien de la meute. Les traces laissées par les loups sur la neige sont souvent piétinées par celles d'un renard qui, probablement, en plus de suivre des chemins identiques, va à la recherche des restes de leurs repas.

Nyctereutes procyonoides
(Chien viverrin)

Répandu en Asie orientale, il est de taille moyenne à petite, avec un gros corps et une petite tête, mesurant 60-70 cm, avec 20 cm de queue. Une tache noire autour de ses yeux le fait ressembler au raton laveur ; sa queue et ses pattes sont courtes, son poil assez dru. Il vit dans des endroits riches en eau et il est friand de poissons qu'il capture avec de rapides coups de patte, habitude qui lui a valu le surnom de chien pêcheur.

Chrysocyon brachyurus
(Chrysocyon, Loup guarà ou Loup à crinière)

Le chrysocyon a le museau et les oreilles d'un renard et les dimensions d'un loup. On dit de lui qu'il flotte presque sur l'herbe, du fait de ses longues pattes qui lui permettent de se déplacer avec agilité, dans la haute végétation des prairies sud-américaines d'Argentine, de Bolivie, du Paraguay, d'Uruguay et du Brésil, à la recherche des proies.

permet de mieux conserver la chaleur. Les appendices sont plus petits et arrondis afin de limiter l'exposition des extrémités au froid – même si, et c'est là une exception, les pattes du loup de Sibérie sont plutôt longues pour pouvoir suivre facilement les proies en déplacement constant.

À l'autre extrémité, se trouve un loup très petit, d'environ 18 kg, qui vit dans un milieu aussi extrême que celui de la péninsule Arabique, en Égypte et aux alentours. Il s'agit de la sous-espèce *Canis lupus arabs* qui, confirmant la validité de la règle de Bergman, possède des surfaces corporelles favorisant la dispersion de chaleur, des oreilles plus grosses, un poil court. Évidemment, ses habitudes sont adaptées au climat : en été, il est actif uniquement en début et en fin de journée, et il n'est visible en plein jour que durant l'hiver.

Entre ces exemples extrêmes, il existe une série de variantes, appelées parfois sous-espèces, qui se mêlent les unes aux autres aux limites de leur aire de distribution et qui se différencient en présentant certaines caractéristiques constantes.

Au chaos apparent qui caractérise les subdivisions de l'espèce – question encore mal connue et peu éclaircie dans les milieux scientifiques – on peut ajouter que le chien et le loup rouge, appelés respectivement *Canis familiaris* et *Canis rufus*, ne sont pas nécessairement des espèces différentes par rapport à *Canis lupus* parce qu'elles conservent la capacité de s'accoupler et de partager leur patrimoine génétique en engendrant une descendance fertile.

*Prédateur potentiellement solitaire,
le loup vit en meute en partageant
un territoire avec plusieurs individus.
En Amérique, il existe des meutes très
nombreuses qui peuvent compter
jusqu'à trente-cinq individus,
mais la moyenne eurasiatique
oscille entre cinq et dix individus.*

La structure musculaire du loup est typiquement celle d'un trotteur. Il peut cependant atteindre des pointes de 64 km/heure.

En suivant une ligne qui caractérise les principales sous-espèces du Nouveau comme du Vieux Continent, le schéma actuel de classification est fondé en grande partie sur les sous-espèces suivantes. Cinq sous-espèces sont présentes sur le continent américain : *Canis lupus arctos*, communément appelé loup arctique, vit essentiellement dans l'Arctique, au-dessus du 70e parallèle jusqu'au-dessus du 80e, à la limite des terres émergées. La terre est là-bas couverte de neige et de glace pendant la majeure partie de l'année, à l'exception d'une brève période estivale. Les loups arctiques se sont bien adaptés à ce milieu glacé. Ils ont une fourrure blanc crème, qui leur permet de se camoufler dans l'environnement, et d'autres adaptations semblables à celles du loup de Sibérie (*Canis lupus albus*). La faible densité de proies impose à ces animaux de parcourir des territoires immenses pour survivre en chassant le bœuf musqué, le lièvre arctique, sans exclure les lemmings, les caribous ou les oiseaux de passage. Leurs tanières sont installées dans des crevasses de la roche, des cavernes ou des dépressions du terrain ; à l'intérieur, la louve donne naissance, avec environ un mois de retard par rapport aux loups du Sud, à deux ou trois louveteaux qui représentent le nombre juste de petits qui peuvent être élevés dans des conditions aussi extrêmes.

La couleur du poil n'est pas un facteur constant, surtout chez les jeunes qui peuvent présenter des variations allant du blanc au noir. Ci-contre, un spécimen de la couleur la plus répandue, chez les adultes aussi, de loup américain appartenant à la sous-espèce occidentalis.

Canis lupus baileyi, également appelé loup du Mexique, est le plus petit loup gris nord-américain, pesant de 23 à 40 kg. Il était pratiquement en voie d'extinction, mais, au cours des années 1970, il a fait l'objet de mesures de protection. Grâce à un programme de sauvegarde de l'espèce, il a été réintroduit en Arizona et au Nouveau-Mexique. Les proies typiques des loups du Mexique sont des cerfs blancs, des cerfs mulets, des élans, des lapins et de petits mammifères.

Canis lupus lycaon, appelé loup de l'Est ou des bois, a été la première sous-espèce de loup gris à avoir été reconnue aux États-Unis où elle vivait dans les parties orientales et dans les zones du sud-est du Canada. Comme tous les loups, c'est un animal social qui communique en utilisant le langage du corps, les marquages odorants et la voix. Malgré la disponibilité de l'habitat et de proies, la recolonisation naturelle est improbable à cause de nombreuses infrastructures humaines et de vastes zones urbanisées.

Les naturalistes ont voulu en réintroduire une petite population dans le parc d'Adirondack, dans l'Oregon, mais une enquête, au début de l'an 2000, auprès de la population résidante a montré que les habitants d'Adirondack étaient très partagés sur ce projet. Avant que le schéma de classification ne soit modifié, on estimait que le loup des bois habitait dans le Minnesota, le Michigan et le Wisconsin, mais on

L'ouïe et l'odorat sont très développés et font du loup un redoutable chasseur. En réalité, les loups ne sont pas des prédateurs sanguinaires et ils passent une grande partie de leur temps à se reposer dans la tranquillité et la sécurité garanties par la vie en meute.

considère aujourd'hui qu'il s'agit en fait d'une autre sous-espèce, *Canis lupus nubilus*.

Canis lupus nubilus, appelé loup des plaines, est la sous-espèce la plus commune de loup gris aux États-Unis continentaux. Les dimensions de son territoire dépendent de la densité de ses proies, essentiellement des cerfs de Virginie, des élans, des castors, des lièvres, de petits oiseaux et des mammifères. Il habite actuellement la région occidentale des Grands Lacs, avec les populations suivantes : 216 individus dans le Michigan, 29 sur l'île Royale, 266 dans le Wisconsin et 2 450 dans le Minnesota (données de 1997-1998). Dans les années 1920, il avait été considéré comme disparu, mais un petit noyau non reconnu comme loup des plaines avait survécu dans les régions du nord-est du Minnesota, près de l'Ontario. Depuis la fin des années 1970, la population augmente régulièrement et elle n'est plus considérée de nos jours comme risquant l'extinction, du moins dans cette région.

Le dernier des loups américains, scientifiquement appelé *Canis lupus occidentalis* et vulgairement dénommé loup des montagnes Rocheuses, est un grand loup qui vit en Alaska et dans les montagnes Rocheuses du nord du Canada et des États-Unis ; il s'agit de la sous-espèce qui a été réintroduite

La capacité à se déplacer facilement sur la neige permet aux loups de capturer certaines proies en les rabattant, pour les piéger, là où la neige est le plus haute.

dans le parc national de Yellowstone (YNP) dans l'Idaho. Il peut atteindre 67 kg et la couleur de son pelage varie du blanc au noir, en passant par le gris, les couleurs les plus communes. Les meutes sont composées en moyenne de six à douze loups mais peuvent en comprendre jusqu'à vingt-trente. La population la plus nombreuse est celle qui vit en Alaska et compte 7 000-10 000 individus. Ses proies sont l'élan et le bison, les caribous, les chèvres de montagne, les saumons et les rongeurs de tout genre.

Sur le continent eurasiatique, on compte également cinq sous-espèces de loup, parfois six, selon que l'on estime que *Canis lupus pallies*, ou loup des Indes, est une sous-espèce à part entière ou que l'on préfère l'englober avec *Canis lupus arabs*. Nous adhérerons ici à cette dernière option. Nous ne reviendrons pas sur les caractéristiques de *Canis lupus albus* et de *Canis lupus arabs*, déjà décrites plus haut. *Canis lupus lupus* est le loup européen typique qui vit également en France, en Italie et en Espagne, et sous l'appellation duquel on inclut également aujourd'hui les sous-espèces *Canis lupus desertorum*, *chanco* et *campestris*. Ainsi, son aire d'expansion, qui comprenait déjà des parties de la Russie asiatique, s'est étendue, à l'est, jusqu'à la Mongolie, au Népal, à la Chine et, au sud, jusqu'au Pakistan, à l'Iran et à l'Afghanistan.

Groupe familial

Ces images illustrent certains moments de la vie d'un groupe familial typique de loups italiens. La séquence a été réalisée il y a plusieurs années, dans le cadre d'une recherche scientifique dans le parc national Foreste Casentinesi, Monte Falterona, Campigna. En plus de déterminer le nombre d'individus présents dans la zone et leur utilisation du territoire, la recherche se proposait d'étudier le type de préférences alimentaires du loup. Il est apparu que les loups, lorsqu'ils peuvent choisir, préfèrent se nourrir d'animaux sauvages plutôt que d'animaux domestiques.

Ci-contre, deux jeunes frères, un blanc et un noir, sont une belle démonstration de la façon dont la couleur du pelage, surtout chez les loups des montagnes Rocheuses, est un caractère variable, pouvant passer d'un extrême à l'autre avec toutes les nuances intermédiaires.

Le regard du loup fascine en raison de l'assurance et de la tranquillité intérieures qu'il laisse transparaître.

Deux images de loups au repos. Chez les loups, le repos alterne fréquemment avec des périodes d'activité. Dans la neige, les loups creusent des trous dans lesquels, quand il fait très froid, ils peuvent s'abriter et qui leur permettent de diminuer la surface corporelle exposée aux intempéries.

Canis lupus communis est le loup de la Russie centrale et, avec la sous-espèce américaine *occidentalis*, c'est l'un des plus grands loups gris.

Le dernier est *Canis lupus cubanensis* qui semble vivre dans les territoires compris entre la mer Caspienne et la mer Noire et dont on n'imaginait même pas l'existence il fut un temps.

Le cadre général restera peut-être confus pour certains, mais la seule chose qui au fond nous intéresse et ne finit jamais de nous étonner est l'immense capacité d'adaptation de cette espèce persécutée, mais qui finalement, sous sa forme modifiée et devenue familière - le chien -, est entrée à plusieurs millions d'exemplaires dans nos foyers. Par conséquent, le loup sauvage, que nos ancêtres considéraient comme leur égal, doit être respecté et défendu. La première chose à faire est d'apprendre à le connaître, en oubliant toutes les bêtises qu'on a pu raconter sur lui.

Ce spécimen subadulte de loup européen nous observe. Il a encore toute la vie devant lui, et ce seront nos choix qui lui permettront de la vivre sereinement, comme super-prédateur au sommet de la chaîne alimentaire, ou comme éboueur contraint de chercher de la nourriture parmi les déchets amassés dans nos décharges.

La meute

Le loup : un animal social

Longtemps, on a cru
que le loup était
un animal solitaire.
L'expression « loup de mer »
désigne d'ailleurs
un vieux baroudeur
fuyant la société des hommes.

Mais le loup vit en meute. Et quand il lui arrive de s'en séparer, devenant alors un solitaire, il s'expose à une existence plus rude, plus difficile et plus dangereuse. En général, il s'agit plutôt d'anciens dominants qui ont été chassés après avoir perdu leur suprématie. Ou qui décident de s'en aller vivre un temps tout seuls. Mais un jeune loup peut aussi connaître une période plus ou moins longue de solitude. Il lui manque alors l'expérience qu'a accumulée un vieux loup pour bien s'en sortir, et cette période lui est souvent fatale. S'il est en forme et qu'il survit, il trouvera une compagne, le couple s'unira et fondera sa propre meute. Il trouvera un territoire à lui, le délimitera avec des signes reconnaissables à la vue ou à l'odorat. Il le défendra contre les intrusions d'autres meutes ou de loups solitaires, parce que c'est dans cette zone que seront élevés les louveteaux et que grandira la meute, avec son organisation et sa hiérarchie.

Les loups vivent en meutes nombreuses, sur les territoires qui ont des ressources suffisantes pour les nourrir tous. Vivre au sein d'une meute augmente les probabilités de survie de chaque individu et permet de chasser des proies de grande taille. Les loups sont très excités quand ils entament leurs activités de chasse et affrontent la proie de concert en l'attaquant de plusieurs côtés.

Établir les hiérarchies

Chaque loup faisant partie d'une meute, selon le rang social auquel il appartient, réussit à s'imposer en utilisant une communication faite d'attitudes du corps et de la gueule. Cette dernière n'est d'ailleurs pas qu'une arme d'attaque, mais aussi un véhicule privilégié, avec l'odorat, des informations chimiques que les loups s'échangent. L'inspection de la zone ano-génitale met à nu l'animal étendu à terre.

En Europe occidentale, compte tenu des territoires morcelés et souvent urbanisés, la meute de loups a une taille limitée et rappelle typiquement une famille humaine. Père et mère – le couple dominant – sont les seuls individus de la meute qui ont le droit de procréer. Tous les autres sont des frères et sœurs qui jouent entre eux, mais qui se confrontent aussi, parfois durement, pour conquérir une position hiérarchique privilégiée.

Une « meute de loups » est une expression utilisée parfois pour décrire un groupe d'hommes avides et féroces. Rien à voir pourtant avec une meute de vrais loups (du moins dans les pays européens). Il est exact que, si les proies sauvages viennent à manquer, la meute peut devenir plus entreprenante et agressive, mais, normalement, les loups sont réservés, ils évitent le contact avec l'homme et ne constituent pas un danger pour lui. Ils attaquent éventuellement les troupeaux de moutons, les équidés, les bovins.

Dans d'autres zones, comme en Alaska ou dans les immenses steppes d'Europe orientale, les meutes sont beaucoup plus nombreuses, sans doute en raison de l'extension du territoire qu'elles dominent. Plusieurs couples peuvent donc procréer, les meutes ont une organisation sociale beaucoup plus complexe et peuvent parfois devenir également dangereuses pour l'homme.

Le loup est un animal social, et cette socialité imprègne l'intégralité de ses comportements durant toute la période qu'il passe

Pour jouer ou plus sérieusement

Le jeu, surtout chez les jeunes, mais aussi à l'intérieur du couple, fait partie du bagage culturel des loups. Les adultes peuvent s'échanger des marques de tendresse, de délicats mordillements mais, quand cela est nécessaire, ils peuvent imposer leur rôle social avec une extrême détermination.

au sein de la meute. Être ensemble, partager des odeurs, un territoire, des proies, cohabiter dans une hiérarchie imposée par l'expérience et la puissance : telle est la vie dans la meute. L'union fait la force et chaque animal a sa propre position sociale qui le distingue et peut évoluer dans le temps. Vivre en meute confère de la sécurité, permet de se reconnaître et de s'identifier à l'intérieur d'un groupe en tant qu'individu. Vivre en meute augmente les probabilités de survie.

Un loup seul est contraint de s'aventurer dans les zones frontières entre des territoires appartenant à des meutes

Parfois, les loups inférieurs dans l'échelle hiérarchique se soumettent aux dominants en léchant avec force énergie les commissures de leur gueule. Ce comportement est typique du rassemblement ou des moments qui précèdent le départ pour la chasse. Les dominants, par ce contact oral, perçoivent à quel point la meute a faim.

bien définies. Un loup jeune peut risquer beaucoup en devant pénétrer sur des territoires inconnus, alors qu'il est obligé de chasser seul pour se nourrir. Un tel loup, rencontrant les membres de la meute du territoire sur lequel il s'est aventuré, peut s'exposer à des réactions extrêmement violentes. En dehors de la chasse, le loup se montre véritablement agressif à l'égard des congénères étrangers, des exclus de la meute et des autres canidés.

Si, à l'intérieur de la meute, les rapports entre loups sont tout à fait corrects et que les querelles ou frictions sont généralement résolues de façon rituelle, en arrivant rarement jusqu'à l'affrontement physique, la violation du territoire, même par un petit chien qui pénètre dans une zone « réservée », peut en effet entraîner une réponse féroce. Le loup défend sa zone et attaque avec fougue l'étranger qui n'a pas su reconnaître les signaux d'avertissement. Il le malmène, le saisit au cou entre ses crocs. La région du cou est particulièrement importante pour tous les canidés. Pendant la période de reproduction, la mère ou le père soulèvent les louveteaux en les prenant par le cou. Ce comportement est repris dans les rituels des règles hiérarchiques de la meute : un loup dominant arrive à s'imposer en

Dans la communication entre individus, certains comportements de soumission peuvent être manifestés par les soumis de leur propre initiative (on parle de soumission active) ou stimulés par une domination active du dominant (soumission passive). Sur la photo ci-contre, le dominant impose avec une certaine agressivité sa supériorité au soumis qui, acculé, s'étend jambes en l'air à la merci totale du dominant.*

prenant celui qui le défie par le cou, en lui soulevant les pattes avant et en le maintenant avec la partie antérieure du corps sans appui. Entre adultes, un individu qui subit ce traitement est marqué profondément et perd souvent des places dans l'échelle hiérarchique.

La vie des loups est rythmée quotidiennement par l'action, par l'alternance de périodes de repos et d'incursions, ainsi que par la communication constante entre congénères. La meute peut être imaginée comme une unité, un corps unique dont la tête serait représentée par les individus dominants. Tous les autres sont soumis, inférieurs dans la hiérarchie. Ce type d'organisation sociale peut sembler rigide, mais elle assure la cohésion et la coordination des comportements, qui à leur tour permettent à la meute d'exister et de prospérer. Parmi les canidés, la communication sociale passe, en bonne partie, par des canaux olfactifs et des schémas comportementaux très raffinés. La vie de la meute est régie par des dominations et des soumissions, des regards et des attitudes du corps, des oreilles, des épaules et de la queue, des expressions faciales. Un loup ne peut pas bluffer : il est soit un dominant, soit un soumis.

Agressivité

L'agressivité est l'un des éléments fondamentaux dans la vie des loups. Elle ne se manifeste pas toujours de façon explicite, mais, lors des repas, l'ordre de dominance est imposé par tous les moyens d'expression possibles.

L'entente entre les loups est un facteur essentiel pour pouvoir donner la chasse à de grosses proies. Chaque moment de leur vie au sein de la meute est vécu en équipe. Il arrive parfois que plusieurs loups imposent en même temps leur domination à un individu, ou qu'ils profitent du travail de soumission réalisé par le loup dominant, en prenant sa place quand il s'éloigne de l'individu soumis.

Le hurlement

Le hurlement représente l'un des principaux moments de cohésion de la meute. Chez les loups, le hurlement a différentes significations : défendre localement son territoire, communiquer avec les autres meutes, battre le rappel pour réunir les loups de la meute. Après une rencontre, avec soumissions et lèchements, la meute transforme parfois la frénésie interne en hurlement qui sert à décharger les tensions. Quand ils hurlent, les loups se mettent dans différentes positions de façon à couvrir de leur voix tout le territoire qui les entoure.

Le répertoire vocal des loups comprend des grognements, des aboiements, des jappements et des glapissements. Chaque son a un sens particulier et est utilisé pour renforcer un comportement. Un loup dominant associe à une domination active sur un soumis un grognement qui en confirme la signification et exprime qu'il en a assez. Quand une meute communique avec une autre meute, en revanche, elle hurle, et c'est là l'un des sons les plus mythiques de la vie animale.

La structure de la meute comprend des lignes hiérarchiques entre mâles, femelles et louveteaux de l'année. Le dynamisme et la complexité de la communication à l'intérieur de cette échelle hiérarchique sont dus à un ensemble de modèles comportementaux faits de postures, de sons et de signaux olfactifs. Tous ces facteurs ne se manifestent toutefois pas de la même façon pour tous les loups.

Il suffit parfois d'un regard ou d'un simple geste à un loup dominant pour imposer un choix ou sa volonté. L'idée que les dominants écoutent leurs subordonnés fait partie d'une interprétation séduisante typiquement humaine. Chacun contribue aux destinées de la meute, dans la chasse comme dans les soins parentaux. La structure de base de la meute est représentée par la famille, mais le nombre d'individus qui la composent varie, essentiellement en fonction des disponibilités alimentaires et du type de proie dont les loups se nourrissent. Le loup suit une stratégie reproductive qui offre des avantages de stabilité dans l'environnement : il veille sur ses petits, jamais trop nombreux – entre deux et cinq par an – et se répartit

Les équidés ne sont pas parmi les proies préférées des loups, mais quand il arrive qu'un cheval adulte soit attaqué, il y a de la viande disponible pour plusieurs jours. Les organes internes sont les premières parties consommées, puis tout le reste est dévoré.

sur le territoire en tache d'huile. Plusieurs territoires sont accolés les uns aux autres, tant que l'espace et les ressources le permettent. C'est ainsi que le nombre d'individus appartenant à la meute varie au fil du temps.

Il existe de petites meutes, de trois à cinq individus, composées des parents et des enfants, comme en Italie ou en France, dans lesquelles les enfants mâles puis femelles, après leur première année, sont éloignés du groupe et cherchent de nouveaux territoires. Ou des meutes énormes de quinze-vingt individus, typiques des forêts nord-américaines, incluant plusieurs générations de descendants et des oncles et tantes, comme dans une grande famille.

Les différentes meutes communiquent entre elles en utilisant des marquages odorants et leur voix. Le répertoire vocal entre loups comprend des grognements, des aboiements, des jappements et des glapissements, tandis que, quand une meute communique avec une autre, elle hurle. Le hurlement est, pour l'homme, l'un des sons les plus troublants et les plus évocateurs de la vie sauvage : il a glacé d'effroi des générations d'humains !

Le hurlement est un grand moment d'expression collective, le point culminant où s'exprime la socialité des loups. C'est le chef de meute, ou sa compagne, qui entame le chant, auquel s'unissent les autres membres du clan dans une exaltante expression chorale qui s'atténue ensuite lentement, jusqu'à s'éteindre, à nouveau sur la voix du chef de meute et de sa compagne. Ce moment est fondamental pour les équilibres sociaux dans la meute, il en renforce la cohérence et la cohésion. Voir quatre ou cinq loups qui hurlent leur présence au monde est un spectacle extraordinaire. Les loups en groupe ne hurlent pas à l'improviste, mais à la suite de plusieurs événements.

Les loups consomment l'intégralité de leur victime et, quand la chair est terminée, la proie est dépecée et les os sont disputés entre les individus de la meute. Chaque loup s'écarte avec le morceau éventuellement gagné et le ronge en toute tranquillité.

Jeunes loups

Les dynamiques comportementales à l'intérieur de la meute suivent des lignes hiérarchiques entre mâles, femelles ou jeunes. Souvent chez les jeunes, la limite entre jeu et réalité est très ténue.

Sur la double page suivante
Les périodes d'activité alternent fréquemment avec des périodes de repos. Les loups sont des prédateurs essentiellement carnivores et leur digestion dure 6 à 8 heures. Quand le ventre est plein, ils peuvent se permettre de rester tranquillement étendus à digérer : à la différence de leurs proies, les loups ne risquent pas d'être attaqués par d'autres animaux et ils vivent probablement une vie plus sereine, protégés par le groupe auquel ils appartiennent.

Le hurlement est utilisé, par exemple, comme signal de passage de l'inaction à l'action, mais aussi dans de nombreuses autres occasions. Dans tous les cas et de toute façon, il est précédé d'une joyeuse « cérémonie de groupe » durant laquelle les loups se rassemblent de manière frénétique avec une excitation croissante qui aboutit au hurlement choral. Le hurlement donne de l'énergie à chaque individu, évacue les tensions, il est libératoire. Il y a également des hurlements plus tristes, plus faibles, mais si les loups ont plusieurs voisins, ils se manifestent toujours avec une certaine vigueur.

Au cours de la période de reproduction, on entend parfois des petits de deux ou trois mois qui s'essayent à des vocalisations savamment guidées par le père, qui y met fin ensuite d'un simple « mouvement de la voix » circulaire, tel un chef d'orchestre. Et – fait extraordinaire – les louveteaux se taisent. Le sens « défensif-territorial » de cette vocalisation a été largement documenté. Mais le hurlement sert également à communiquer sa position et à réunir le groupe après une battue de chasse ou à orienter et rassurer les louveteaux quand les adultes sont loin. Les loups solitaires en revanche ont tendance à ne pas dévoiler leur

École de discipline

Les individus soumis manifestent leur état social lors d'une parade de confrontation, en gardant les oreilles basses, la queue entre les jambes et en abaissant la partie postérieure de leur corps, pour soustraire la région ano-génitale à l'examen olfactif du dominant.

présence et hurlent donc rarement, uniquement dans des cas exceptionnels ou quand ils doivent défendre leur proie.

Vivre de près des expériences de stimulations de hurlements (*wolf howling*) est extrêmement fascinant et toujours impressionnant. Lors de nuits étoilées et silencieuses, dans des zones vierges, sans aucune pollution lumineuse ni acoustique, il est possible de provoquer le hurlement des loups. On se répartit en deux groupes. Le premier lance le signal et l'autre enregistre les éventuelles réponses. Il est toujours émouvant d'entendre en retour se lever le chœur des hurlements d'une meute de loups ; le spectacle - ou plutôt devrait-on parler de concert - devient ensuite incroyable si une deuxième meute se joint au chœur, puis une troisième ! Mais, si le hurlement est le moment suprême du dialogue entre loups (à l'intérieur de la meute et vers l'extérieur), la communication au sein de la meute est extrêmement importante et continue.

Il n'est pas difficile, en observant deux individus, de saisir et de comprendre la communication entre eux, faite d'attitudes visibles qui consistent en des expressions du corps, du museau et de la queue. Il n'est pas possible, en revanche, d'explorer la sphère olfactive, même si l'on sait que certaines zones - comme la zone ano-génitale - ont une importance considérable dans la transmission d'informations.

Dans une relation à deux, les loups se comportent de façon différente selon leur position sociale. À part les loups dominants et les derniers dans l'échelle hiérarchique, les autres loups de la meute ont des attitudes tant soumises que dominantes. L'attitude des oreilles, la position et la forme de la queue,

La domination est parfois réalisée en présence et avec la participation d'autres individus.

Le soumis s'allonge au sol dans une position de nette infériorité.

Ci-contre
et sur la double page suivante
S'inscrivant toujours dans une logique hiérarchique, les rencontres entre loups peuvent être plutôt joyeuses et pas particulièrement agressives.

déterminée par le poil, l'expression du museau et l'exposition de la denture et de la langue forment un tout avec la posture générale du corps, l'expression du regard et l'horripilation des poils qui part de derrière la nuque jusqu'à la base supérieure de la queue. En somme, un ensemble complexe d'éléments qui manifestent un état d'âme, une position sociale. Les dominants ont un port fier, un pas et un regard sûrs, la queue est haute, légèrement arquée dans sa partie finale, gonflée ; les oreilles sont droites et bien ouvertes, la respiration est harmonieuse, contrôlée et assurée.

Les soumis ont un maintien beaucoup plus désordonné, la queue – tenue basse sur le côté ou au centre pour protéger la zone ano-génitale – bouge nerveusement et balaie le sol. Les quarts postérieurs sont peu sûrs sur les pattes et amplifient la position basse de la queue dans les moments les plus difficiles de la confrontation, au cours desquels même les genoux fléchissent. Les loups soumis bondissent, en baissant les oreilles et en tordant le corps dans une rotation à reculons qui tend, comme sous l'effet d'une force supérieure, à les faire rouler les pattes en l'air.

Se mettre sur le dos est une attitude de soumission totale, reconnaissable, et qui rappelle les premières périodes de vie quand la mère lèche et mordille l'abdomen des petits pour les aider à déféquer.

Riding-up

Le riding-up *(littéralement chevauchée en anglais) n'est pas un comportement de véritable soumission parce que l'individu chevauché manifeste rarement des attitudes de subordination. Ce comportement qui voit l'un des deux loups avec les pattes antérieures appuyées sur la croupe de l'autre est extrêmement commun entre les louveteaux et il a probablement, entre adultes, un sens de démonstration des prérogatives sociales au reste de la meute. La domination active (à droite) représente en revanche plus nettement un problème de relation entre deux individus.*

Il est possible de distinguer deux types de soumissions : la soumission active et la soumission passive. La première comprend plusieurs schémas comportementaux, ou plutôt tout un ensemble de nuances différentes du même schéma comportemental. Elle peut se manifester par un simple reniflement au museau du dominant avec un frétillement de la queue (comme signal pacificateur), ou par plusieurs léchages et mordillements, avec tout le corps ramassé – la partie postérieure abaissée, la queue entre les jambes – et tendu vers la bouche du dominant, comme un aimant. Si le dominant est bien disposé, il semble presque distrait ; parfois, quand la soumission active se manifeste avant une cérémonie de rassemblement, il est presque agacé et tient le museau haut.

La soumission passive, en revanche, est un comportement qui ne se manifeste pas de façon spontanée mais qui résulte de situations contingentes, face à l'adversaire. Alors le loup se découvre, se met à nu, présentant à l'inspection olfactive sa zone anogénitale et offrant son cou. Il peut arriver que plusieurs loups imposent en même temps leur domination à un individu, parfois entre jeunes, par jeu. Ou que d'autres loups profitent du travail de soumission réalisé par le loup dominant, en prenant sa place quand il s'éloigne de l'individu soumis.

La société complexe des loups est régie par des règles simples, très directes : c'est la loi du plus fort qui l'emporte. Mais il est nécessaire que le plus fort soit aussi un bon chef, capable de faire les bons choix, notamment quand la nourriture vient à manquer.

Le couple et les petits

L'école de la chasse

Deux individus solitaires,

un mâle et une femelle,

se rencontrent, se courtisent.

Si la cour est concluante,

les loups s'unissent.

À la première portée,

le couple devient meute.

La naissance de nouveaux petits, d'année en année, intéresse tous les individus de la meute. La reproduction est en effet un événement majeur pour les loups : protection, sevrage, éducation des louveteaux sont, pendant deux à trois mois chaque année, l'activité centrale de la famille-meute. La période de reproduction des loups se situe chronologiquement entre la fin février et les premiers jours de mars, soit la fin de l'hiver, mais un cycle de reproduction se déroule en réalité sur une année, le temps qu'en moyenne les parents consacrent à veiller sur leurs petits.

S'occuper de la progéniture nécessite énormément d'énergie de la part du couple reproducteur. Les modalités exactes de la reproduction entre les loups comportent encore bien des mystères, mais nos connaissances dans ce domaine ont cependant progressé ces dernières années. On a ainsi

La communication entre mâle et femelle dans la saison des amours prévoit de longues phases de cour.

pu établir que leur stratégie reproductive prévoyait quatre phases : la cour, l'accouplement proprement dit, la naissance et l'élevage des petits.

Tout, donc, commence par la cour. C'est un peu comme un banc d'essai avant l'accouplement entre deux individus. Les loups accomplissent alors toute une série de comportements très ritualisés. Cette première étape, qui dure environ un mois, est essentielle pour que les partenaires se reconnaissent, à la fois comme faisant partie de la même espèce et comme partenaires potentiels. Les loups, et les dominants par excellence, vivent en couple, et un couple bien accordé peut rester ensemble longtemps, parfois jusqu'à la mort. La rencontre entre deux loups qui ne se connaissent pas est certainement favorisée par les hormones, que les femelles libèrent dans l'air sous forme de phéromones durant les chaleurs. Alors les loups se rejoignent. Ils commencent par se flairer, puis hurlent et jouent ensemble, se poussent au trot ou au pas selon l'excitation. Dans des conditions normales, seul le couple dominant se reproduit, même si, dans

La cour

La cour est un comportement préliminaire fondamental pour la reproduction et elle dure environ un mois, le plus souvent à cheval sur les mois de février-mars, avec un décalage pour les loups qui vivent dans les régions les plus septentrionales. Les loups sont très actifs pendant cette période et manifestent une série de comportements extrêmement tendres et gais ; les femelles tournent souvent autour des mâles en sautant et en montrant leur zone génitale. Le mâle renifle et lèche cette partie anatomique de la femelle qui se laisse courtiser avec une fréquence toujours plus grande jusqu'à l'accouplement (cela peut avoir lieu également entre individus de rangs sociaux différents, même si, dans ce cas, il est rare qu'un véritable accouplement ait lieu). Mâle et femelle terminent l'accouplement dans une position « postérieur contre postérieur », typique également des chiens.

pelage hivernal		pelage estival						pelage hivernal			
mars	avril	mai	juin	juillet	août	septembre	octobre	novembre	décembre	janvier	février
œstrus	gestation	lactation		louveteau				jeune loup			

Les louveteaux grandissent

Le tableau illustre le cycle de vie des loups en l'espace d'une année. L'œstrus des femelles a lieu une fois par an (de janvier à mars selon la latitude, c'est-à-dire à la fin de l'hiver de l'hémisphère Nord) : la mise bas et l'allaitement se déroulent donc au début de la saison chaude, après une gestation d'environ deux mois. L'allaitement dure autant, même si les petits commencent à être sevrés après trois semaines. La croissance est très rapide : les louveteaux de deux mois ont déjà une force musculaire importante ; à six mois, ils suivront la meute dans les activités de chasse.

des meutes nombreuses, des tentatives d'accouplement de la part d'autres individus peuvent se produire et aboutir parfois à ce qu'une femelle soit gravide. Dans pareil cas toutefois, la femelle gravide dominante peut attaquer durement les autres femelles et en arriver à les tuer. Les chaleurs – ou plus techniquement l'œstrus – ont lieu une seule fois par an, entre janvier et mars, pour tous les loups qui peuplent notre hémisphère, quelle que soit la sous-espèce.

Il a été cependant mis en évidence, chez les loups nord-américains, que des facteurs climatiques et environnementaux ainsi que les latitudes influencent la variation de la date de l'œstrus : les loups qui vivent plus au nord se reproduisent plus tard que ceux qui vivent dans des régions méridionales. En Italie, les loups se reproduisent après la mi-mars et, malgré une distribution latitudinale d'environ 6° (de 38°9'à 44°8'), cette période est assez constante pour toute la population de la péninsule.

Les loups appartiennent à l'ordre des carnivores et sont des mammifères placentaires. Le placenta protège l'embryon puis le fœtus pendant toute la période de la gestation, et il est capital pour l'échange de substances nutritives entre la mère et la

La portée

Dans leurs deux premières semaines, les louveteaux sont aveugles et inhabiles, ils ne peuvent pas réguler leur température corporelle de façon précise. Ils vivent donc à l'intérieur de leur tanière en contact étroit avec la mère.

Louve et louveteaux

Le rapport qui s'instaure entre la louve et les louveteaux est particulièrement intense, surtout au cours des premiers mois d'existence. Les autres individus de la meute participent également à l'élevage des petits. Les mâles – et surtout le compagnon – apportent de la nourriture à la femelle après la parturition, et les femelles aident la louve dans les soins aux petits.

Au cours des premiers mois, les louveteaux vivent dans les parages de la tanière, et leurs périodes d'activité alternent avec des moments de repos, surtout aux heures les plus chaudes de la journée.

L'amour maternel

Les petits manifestent un besoin clair d'affection même si, très vite, leur caractère déterminé leur permet de gérer les rapports avec les membres de la fratrie. Ils s'inscrivent alors à l'intérieur d'une ligne hiérarchique séparée de celle du reste de la meute.

Les femelles possèdent six mamelons répartis le long de la ligne de lait caractéristique des mammifères. Le lait, très nourrissant, permet une croissance rapide des petits qui peuvent prendre jusqu'à 1,5 kg par semaine.

progéniture. Parmi les mammifères, l'œuf fécondé se niche à des degrés variables de profondeur dans l'utérus. En outre, selon les ordres de mammifères placentaires considérés, le placenta, au départ uniformément recouvert de villosité choriale, se différencie diversement lors des phases successives de développement.

La gestation d'une louve dure environ deux mois. Son utérus divisé en deux parties (utérus biparti) abrite en moyenne de trois à six fœtus qui naîtront, aveugles et inhabiles, dans l'obscurité de la tanière. La femelle, entre quinze et vingt-cinq jours avant de mettre bas, s'est en effet creusé une tanière ou l'a aménagée dans un renfoncement rocheux, voire dans une cavité sous un arbre, pourvu que le lieu soit assez proche d'un point d'eau. Après la naissance, les petits sont nettoyés à coups de langue et poussés vers les mamelles. Comme c'est le cas chez de nombreux mammifères, la mère ingère le placenta et coupe le cordon ombilical avec ses dents.

Les louveteaux sont couverts d'un épais duvet presque noir, mais leur capacité de réguler leur température corporelle est très imparfaite. Il semble en outre qu'ils soient sourds et presque

Les loups commencent assez précocement à se nourrir de viande, d'abord prémâchée et prédigérée. Quand la dentition de lait le permet, les louveteaux déchiquettent directement la viande des proies fournies par les parents.

Ci-contre et double page suivante
Le jeu et la curiosité pour tout ce qui les entoure caractérisent les premiers mois de vie des loups. Durant cette phase – même s'il arrive rarement qu'ils soient laissés seuls –, les louveteaux pourraient être à leur tour la proie d'autres animaux.

dépourvus d'odorat. La mère prend soin d'eux, les réchauffe, les nourrit, tandis que le père ou d'autres individus de la meute prennent soin à leur tour de la mère. La croissance est plutôt rapide, surtout lors des quatorze premières semaines, au cours desquelles un louveteau peut prendre jusqu'à 1,5 kg par semaine. Le lait de louve doit être très nourrissant, mais les petits n'en bénéficient que pendant quelques mois : ils sont partiellement sevrés vers 20 jours (ils le seront totalement vers 5 à 8 semaines) et commencent dès lors à se nourrir d'aliments prémâchés et prédigérés par la louve. Quand leur activité motrice leur permet d'être actifs, les louveteaux réclament à manger en léchant les commissures de la bouche de leur mère ou d'autres individus de la meute. Cette stimulation provoque chez les adultes la régurgitation de ce qu'ils ont dans l'estomac. Cependant, les louveteaux, en bons carnivores prédateurs, manifestent très rapidement leur intérêt pour la nourriture non mastiquée : dès leur deuxième mois, ils prennent grand plaisir à décharner un os.

Un louveteau de cet âge est vraiment fanfaron et il possède déjà une importante force musculaire, par rapport à un chiot. Les relations avec la mère se caractérisent par l'insouciance et le jeu. Ils sautent, se poursuivent, piétinent avec une agaçante

La louve prend soin de ses petits et les nourrit en régurgitant à la demande des morceaux de viande déjà mastiquée. Elle s'occupe en outre de nettoyer leur pelage et les aide, en frottant et léchant leur ventre, à réguler leurs activités intestinales.

persévérance la louve qui se soumet à ces tortures, morsures et tirages de poil compris, avec grâce : ses instincts agressifs sont totalement inhibés par la forme et l'odeur de ses petits.

Les rapports entre louveteaux sont très dynamiques. Et, au fur et à mesure de leur croissance et de la construction de leur force musculaire, leur énergie paraît chaque fois plus inépuisable. À travers le jeu, des schémas comportementaux sont répétés, qui seront ensuite consolidés à l'âge adulte. Leur système nerveux est soumis à une infinité de stimulations qui provoquent des réponses essentiellement physiques et musculaires. En se poursuivant et en sautant sur les rochers autour de la tanière, ils ne sont pas seulement en train de jouer, ils entraînent leur système nerveux. Comment calculer les distances, avec quelle force réaliser un saut, conserver l'équilibre dans un passage difficile, découvrir des plantes ou d'autres animaux sont autant d'expériences fondamentales dans leur formation, qu'ils affineront avec le temps, en mimant et en répétant des schémas comportementaux innés et appris.

La zone que les loups explorent augmente selon leur croissance physique ; vers six mois, ils sont prêts à suivre leurs parents dans les activités de chasse.

Ils y apprendront des techniques de capture et surtout ils commenceront à connaître les habitudes et les caractéristiques de leurs proies.

L'« invitation au jeu », avec les pattes antérieures en avant, le postérieur levé, la queue et la tête en mouvement, est identique à celle des chiens domestiques. Entre louveteaux, la lutte permet déjà d'établir un ordre hiérarchique et de former les personnalités. Bagarres, jappements, mordillements et fuites, poursuites et oreilles chiffonnées sont la norme pour les jeunes loups, surtout de sexe masculin. Après leurs premiers six mois, leur développement physique et leurs capacités motrices et intellectuelles sont suffisants pour commencer à suivre leurs parents, ou les adultes de la meute, quand ils partent chasser.

Dans la vie des loups, une importante quantité d'informations est transférée « culturellement » par les adultes aux petits. Cette capacité à apprendre et à enseigner a indubitablement permis aux loups de se tirer de situations difficiles et d'échapper à l'extinction totale. Ainsi, là où on cherchait à les exterminer à la strychnine, certains loups apprirent à se méfier : ils goûtaient la viande et la délaissaient dès qu'ils la suspectaient

d'être empoisonné. La petite dose absorbée les rendait tout juste malades, elle leur permettait en tout cas de survivre.

La maturité sexuelle chez les loups est atteinte après le vingt-deuxième mois, quand il y a déjà eu une nouvelle portée au sein de la meute. Les femelles surtout contribuent à l'élevage des nouveaux louveteaux. De cette façon, elles commencent à comprendre le sens et les difficultés liées à la reproduction, moment fondamental pour les femelles de toute espèce. C'est souvent à ce moment que les jeunes s'éloignent de la meute. Ils peuvent aussi rester en son sein et tentent parfois une ascension sociale. Il semblerait enfin que la décision de rester ou de s'en aller, pour un loup, dépende des lieux, des individus et des disponibilités alimentaires.

La mortalité reste assez élevée chez les jeunes loups qui vivent dans des zones plus ou moins habitées. Ils doivent surmonter toutes sortes de réels dangers, comme le braconnage, les véhicules circulant à vive allure, les appâts empoisonnés et les pièges, avant d'acquérir l'expérience nécessaire à leur survie.

Conclusion

Nous espérons avoir réussi, avec ce livre, à faire passer un message.

Certes, nous vous avons parlé du loup, de ses mœurs et de son histoire. Mais assurer sa sauvegarde reste le fait de quelques professionnels et spécialistes, qui travaillent sur le terrain, mais aussi pour les médias, affin de sensibiliser le plus grand nombre possible de personnes. C'est en effet grâce à une bonne information et à sa diffusion que des politiques de conservation de l'espèce ont pu être mises en œuvre un peu partout dans le monde. Et que, peu à peu, les territoires des loups gagnent du terrain.

Réintroduire le loup dans la nature est une tâche fort complexe à laquelle les hommes se sont attelés depuis peu. Il semblerait que cela fonctionne. Ainsi, la réintroduction de loups dans le parc de Yellowstone, en 1995 puis 1996, aux États-Unis, est un succès indéniable : les premières meutes se reproduisent déjà. Mais, en vérité, le loup n'a pas besoin de tant de sollicitude pour regagner ses territoires perdus : il est largement capable d'y parvenir tout seul, pour peu qu'on lui en laisse le temps et les moyens. Il étend naturellement son territoire, s'établissant là où il trouve les conditions écologiques les plus favorables à ses besoins.

L'histoire du loup italien est à ce propos très significative. L'espèce, qui avait quasi disparu de la péninsule dans les années 1970, a aujourd'hui presque reconquis, depuis les Apennins, l'ensemble de la chaîne alpine. C'est le résultat de vastes campagnes d'information instituées dans le cadre de l'« Opération Saint-François et le loup » du WWF, d'études réalisées par des experts et des volontaires. Mais aussi du retour de certaines de ses proies, favorisé par la réintroduction entamée dans les années 1960.

En France, le 5 novembre 1992, deux premiers loups étaient officiellement signalés dans le parc national du Mercantour. Toujours en novembre, un loup était été tué dans les environs de Grenoble.

Après soixante-dix années d'absence, le loup était revenu en France.

Le parc a immédiatement lancé une campagne de sensibilisation, afin d'aider ce retour. Mais le scénario qui accompagne habituellement les déplacements de ce prédateur s'est répété, ici comme ailleurs ; de vieilles peurs se sont ravivées, il y a eu débats, puis polémiques. De véritables manifestations anti-loup furent même organisées ! Par bonheur, les esprits semblent s'apaiser et le loup devrait survivre. Aujourd'hui, il est même retourné en Suisse.

En somme, il suit son « petit bonhomme de chemin ».

La nature est seul maître à bord. Nous croyons la dominer et, effectivement, il nous arrive, plus souvent qu'à notre tour, de bouleverser les paysages, de les façonner à notre idée. Mais il suffit parfois de peu de temps pour que la vie reprenne ses droits.

En vérité, c'est de nous, du plus profond de nous-mêmes, que pourra venir le changement. Notre survie future dépend de la culture écologique que nous serons capables de mettre en œuvre. Assurer la conservation d'une espèce ne suffit pas : cela implique une mise en œuvre globale de sauvegarde. Chaque action n'est une goutte d'eau dans la mer si les comportements de l'espèce humaine ne se modifient pas à l'égard de notre planète et de ses innombrables formes de vie.

Nous représentons à l'évidence une espèce écologiquement anomale : non seulement nous consommons trop, mais surtout mal ! Nous devons retrouver le lien qui nous unit, nous *Homo sapiens*, à la nature. Retrouver l'harmonie de nos origines.

C'est pour toutes ces raisons que des millions de personnes, de nos jours, visitent les zones protégées, s'intéressent aux animaux, à leurs mœurs et à leur destinée, comme le loup. Des personnes qui ressentent la nécessité de restaurer un contact avec la nature, qui se retrouvent, retrouvent leur équilibre et se « ressourcent » dans un pré, à la montagne ou dans les bois. Le sort de notre environnement et de tout son « contenu » est entre nos mains. Les résultats peuvent s'améliorer ou s'anéantir en un rien de temps. En Norvège, la population de loups qui était en augmentation décline aujourd'hui parce que, de nouveau, des hommes ont décidé de s'en prendre à eux.

Alors, quel est notre message ? Peut-être, qu'il convient de changer de mode de vie. Ou que le loup peut nous enseigner des règles de vie en commun et de respect de la nature. Ou encore qu'il est important de nous rapprocher du monde naturel et d'en réintérioriser l'essence, d'en redevenir un élément à part entière.

Il est essentiel de laisser en nous germer une petite graine naturaliste. De la sentir bouger et grandir. De la laisser devenir un pré, puis un bois et enfin une véritable forêt... Peut-être finira-t-elle ainsi par être peuplée, sans plus de peurs, par le loup !

Sites et associations

Voici quelques associations environnementalistes et sites qui traitent des loups ; vous pouvez trouver davantage d'informations sur n'importe quel moteur de recherche en tapant : loup, *Canis lupus*, etc.

Parc national du Mercantour,
www.parc-mercantour.com

Association France nature environnement :
Mission Loup + publication *La Voie du Loup*,
www.fne.asso.fr/index2.htm

Association pour la protection des animaux sauvages (ASPAS), www.aspas-nature.org

Le Groupe Loup France et ARTUS sont désormais réunis dans une même association :
FERUS, Ours-Loup-Lynx Conservation,
www.ours-loup-lynx.info

Société Faune et parcs du Québec : document
Les Loups au Québec, meutes et mystères,
www.fapaq.gouv.qc.ca/fr/faune/loup/index.htm

www.carnivoreconservation.org

www.euroloup.com

www.grandspredateurs.com

www.greenpeace.org

www.ibelgique.ifrance.com/bab-loup

www.kora.unibe.ch

www.large-carnivores-lcie.org

www.loup.environnement.gouv.fr

www.loup.org

www.parcomajella.it/fauna/fr_lupo. htm

www.parks.it/Findex.html

www.planete.org

www.reportage.loup.org

www.terresdepredateurs.org

www.wildlife-conservation.org

www.wild.unizh.ch/wolf/f/index_f2.htm

www.wolf.com

www.wolf-forum.ch

www.wolf.org

www.wwf.fr

www.yellowstone-natl-park.com/wolf.htm

Ouvrages à lire

Bernard D., *Des loups et des hommes*, Éd. De Borée, Romagnat, 2000.

Brandeburg J., *Avec les loups*, Nathan, Paris, 2000.

Carbone G., *Les Loups*, Larousse, Paris, 2003.

Carbone G., *La Peur du loup*, Découvertes Gallimard, 1991.

Carbone G., Le Pape G., *L'ABCdaire du loup*, Flammarion, 1996.

Gibson N., *Loups*, Nathan, Paris, 1998.

Huet Philippe, *Le Monde des loups*, Hesse, St-Claude-de-Diray, 2001.

Levalois Christophe, *Le Loup : mythes et traditions*, Courrier du livre, Paris, 1997.

Les Loups au Canada et en Alaska, Groupe Communication Canada, Hull (Québec), 1984.

Mech David, *Le Loup*, Trécarré, Outremont (Québec), 1989.

Ménatory Gérard, *Les Loups*, Payot-Lausanne, Lausanne (Suisse), 1995.

Muyard Frédéric, *Les Loups et la loi du XIVe siècle à nos jours : histoire d'une hantise populaire*, TAC Motifs, Spéracèdes, 1998.

Savage Candace, *L'Univers des loups*, Trécarré, Outremont (Québec), 2000.

Van Den Driessche Étienne, *Loups, chiens, renards et hyènes*, Delachaux et Niestlé, Lonay (Suisse), 1995.

Victor Paul-Émile, Larivière Jean, *L'Empire des loups*, Duculot, Louvain-la-Neuve (Belgique), 1990.

Wood Daniel, *Loups*, adaptation J.-M. Pons, traduit de l'anglais par N. Verrier, Mango-Images, Paris, 2002.

Origine des illustrations

Luigi Accusani/Panda Photo : p. 73, 126g, 131
Ardeidas/Miguel Angel De La Cruz/Panda Photo : p. 30-31
Henry Ausloos/Panda Photo : p. 132b
Alessandro Bardi/Panda Photo : p. 59, 80-81, 81b, 141h
Maurizio Biancarelli/Panda Photo : p. 25, 68-69, 96b, 116-117
Bios/Jean Louis Klein/Marie Luce Hubert/Panda Photo : p. 3, 22-23, 32, 53, 63, 64-65, 118, 119, 126md, 128b, 130, 132h, 134-135, 141b
Marco Branchi/Panda Photo : p. 10b, 19h, 44-45, 97h, 112-113
Marcello Calandrini/Panda Photo : p. 3, 88-89, 106-107
Giuliano Cappelli/Panda Photo : p. 21hd, 35, 126mg, 129h, 129m
Ettore Centofanti/Natura Service : p. 5, 6, 7, 10h, 11b, 12g, 12d, 13b, 16-17, 21bd, 24h, 24b, 26d, 27h, 27b, 29, 33, 34, 38g, 38d, 39, 41d, 41g, 47, 48, 52, 54h, 55h, 55bg, 55bd, 58, 62, 66, 67, 70h, 70b, 71hg, 71d, 71bg, 84b, 85, 87, 92hg, 92bd, 92bg, 100g, 100hd, 100bg, 101h, 101b, 104h, 105, 108h, 108m, 108b, 114h, 114b, 115, 122-123, 125, 127g, 127d, 129b, 136d, 137
Giuseppe Corte/Panda Photo : p. 19b
DIA Contact/Albert Visage/Panda Photo : p. 17b
Giovanni Fasoli/Natura Service : p. 11h, 13h, 136g
FLPA/Terry Whittaker/Panda Photo : p. 4, 78-79, 104b
Jeff Foot/Panda Photo : p. 12b, 20h, 20b, 28, 93b
Beata Karp/Panda Photo : p. 8-9
Gerard Lacz/Panda Photo : p. 3, 18, 21m, 40-41, 49, 56-57, 60-61, 75, 93h,
Maurizio Lanini/Panda Photo : p. 50-51, 82-83, 90, 94-95, 97b, 109, 120-121
LS International Cartography, Milano : p. 21hg, 21bg, 42d, 42g, 43
Giorgio Marcoaldi/Panda Photo : p. 2, 36-37, 46, 74-75, 76-77, 84h, 86-87, 91, 98-99, 124-125
Kiki Marmori : p. 54b
Marco Melodia/Panda Photo : p. 140
Stefan Meyers/Panda Photo : p. 96h
Franco Pacelli/Panda Photo : p. 3, 26g, 102-103
Riccardo Polini/Panda Photo : p. 110-111
Roberto Ragno/Panda Photo : p. 14-15
Jacqueline et Albert Visage/Panda Photo : p. 133, 138
Wildlife/Daniel J. Cox/Panda Photo : p. 72, 126d, 128h, 128m, 139

4e de couverture :
hg : Gerard Lacz/Panda Photo
hd : Marco Branchi/Panda Photo
mg : Bios/Jean Louis Klein/ Marie Luce Hubert/Panda Photo
bg : Maurizio Lanini/Panda Photo
m : Ettore Centofanti/Natura Service
md : Marcello Calandrini/Panda Photo
bd : Maurizio Biancarelli/Panda Photo

h : haut
b : bas
g : gauche
d : droite
m : milieu

Projet éditorial Andrea Grandese
Coordination éditoriale Rosanna Alberti
Mise en page Andrea De Porti
Cartographie LS International Cartography, Milan
Impression Stampa Amilcare Pizzi, Cinisello Balsamo (Milano)

Traduction Sandrine Détienne
Adaptation et révision Anne Cauquetoux

PAO de l'édition française Atelier Pascal Langendorff

ISBN : 2.09.261092-9
N° d'éditeur : 10113213
Dépôt légal : septembre 2004
Imprimé en Italie